D1702914

Stefan Mühlbacher

Die IT und die Wirtschaftskrise

Empirische Überprüfung eines
literaturgeleiteten Sachverhaltes
mittels Delphi-Befragung

Diplomica® Verlag GmbH

Mühlbacher, Stefan: Die IT und die Wirtschaftskrise - empirische Überprüfung eines literaturgeleiteten Sachverhaltes mittels Delphi-Befragung.
Hamburg, Diplomica Verlag GmbH 2013

ISBN: 978-3-8428-9168-5
Druck: Diplomica® Verlag GmbH, Hamburg, 2013

Bibliografische Information der Deutschen Nationalbibliothek:
Die Deutsche Nationalbibliothek verzeichnet diese Publikation in der Deutschen Nationalbibliografie; detaillierte bibliografische Daten sind im Internet über http://dnb.d-nb.de abrufbar.

Die digitale Ausgabe (eBook-Ausgabe) dieses Titels trägt die ISBN 978-3-8428-4168-0 und kann über den Handel oder den Verlag bezogen werden.

Dieses Werk ist urheberrechtlich geschützt. Die dadurch begründeten Rechte, insbesondere die der Übersetzung, des Nachdrucks, des Vortrags, der Entnahme von Abbildungen und Tabellen, der Funksendung, der Mikroverfilmung oder der Vervielfältigung auf anderen Wegen und der Speicherung in Datenverarbeitungsanlagen, bleiben, auch bei nur auszugsweiser Verwertung, vorbehalten. Eine Vervielfältigung dieses Werkes oder von Teilen dieses Werkes ist auch im Einzelfall nur in den Grenzen der gesetzlichen Bestimmungen des Urheberrechtsgesetzes der Bundesrepublik Deutschland in der jeweils geltenden Fassung zulässig. Sie ist grundsätzlich vergütungspflichtig. Zuwiderhandlungen unterliegen den Strafbestimmungen des Urheberrechtes.

Die Wiedergabe von Gebrauchsnamen, Handelsnamen, Warenbezeichnungen usw. in diesem Werk berechtigt auch ohne besondere Kennzeichnung nicht zu der Annahme, dass solche Namen im Sinne der Warenzeichen- und Markenschutz-Gesetzgebung als frei zu betrachten wären und daher von jedermann benutzt werden dürften.

Die Informationen in diesem Werk wurden mit Sorgfalt erarbeitet. Dennoch können Fehler nicht vollständig ausgeschlossen werden, und der Diplomica Verlag, die Autoren oder Übersetzer übernehmen keine juristische Verantwortung oder irgendeine Haftung für evtl. verbliebene fehlerhafte Angaben und deren Folgen.

© Diplomica Verlag GmbH
http://www.diplomica-verlag.de, Hamburg 2013
Printed in Germany

Inhaltsverzeichnis

Inhaltsverzeichnis I
Gender-Hinweis III

1   Abstract 1
2   Einleitung 2
    2.1   Problembeschreibung und Zielsetzung des Buches 2
    2.2   Forschungsfragen 2
        2.2.1   Erste Forschungsfrage 3
        2.2.2   Zweite Forschungsfrage 4
        2.2.3   Dritte Forschungsfrage 4
    2.3   Forschungsdesign 4
    2.4   Aufbau und Vorgangsweise 5
3   Problemlösungsweg 7
    3.1   Begriffsdefinition 7
        3.1.1   Strategisches Informationsmanagement 7
        3.1.2   Administratives Informationsmanagement 7
        3.1.3   Operatives Informationsmanagement 8
        3.1.4   Matrix: Wirkungsebene und Wirkungszeit 8
        3.1.5   Von der amerikanischen Finanzmarktkrise zur Wirtschaftskrise 9
            3.1.5.1   Weltwirtschaftskrise 1929 - 1933 9
            3.1.5.2   Die Krise von 2008/2009 10
            3.1.5.3   Kurzarbeit 11
    3.2   Theoretische Grundlagen 13
        3.2.1   Grundlage für dieses Fachbuch 13
            3.2.1.1   Entscheidungsebene: 14
            3.2.1.2   Wirkungsebene und -zeit 14
    3.3   Maßnahmen 15
        3.3.1   IT-Strategie 15
        3.3.2   Benchmarking 18
        3.3.3   Green IT 20
        3.3.4   Geschäftsprozessmanagement 23
        3.3.5   IT-Kostenmanagement 26

	3.3.6	Kommunikationsmanagement	29
	3.3.7	Monitoring	33
	3.3.8	IT-Personalmanagement	35
	3.3.9	Service-Level-Agreements	38
	3.3.10	IT-Sicherheitsmanagement	41
	3.3.11	Virtualisierung	44
	3.3.12	Vertragsmanagement	47
3.4		Empirische Datenerhebung	49
	3.4.1	Delphi-Befragung	49
	3.4.1.1	Planung von Delphi-Befragungen	50
	3.4.1.2	Design von Delphi-Befragungen	51
	3.4.1.3	Auswahl der Experten	52
	3.4.1.4	Rekrutierung der Experten für die Delphi-Befragung	53
	3.4.1.5	Monitorgruppe	54
	3.4.1.6	Auswertung und Analyse	54
	3.4.1.7	Planung, Pretest und Durchführung der ersten Befragungsrunde	55
	3.4.1.8	Planung, Pretest und Durchführung der zweiten Befragungsrunde	56
	3.4.1.9	Ablauf des Delphi-Prozesses	58
	3.4.2	Planung und Durchführung Interview	59
4	**Ergebnis**		**60**
4.1		Auswertung Delphi-Befragung	60
	4.1.1	Erste Befragungsrunde	60
	4.1.1.1	IT-Strategie	60
	4.1.1.2	Benchmarking	63
	4.1.1.3	Green IT	65
	4.1.1.4	Geschäftsprozessmanagement	67
	4.1.1.5	IT-Kostenmanagement	69
	4.1.1.6	Kommunikationsmanagement	71
	4.1.1.7	Monitoring	73
	4.1.1.8	IT-Personalmanagement	75
	4.1.1.9	Service-Level-Agreement	77
	4.1.1.10	IT-Sicherheitsmanagement	79
	4.1.1.11	Virtualisierung	81
	4.1.1.12	Vertragsmanagement	83
	4.1.1.13	Fazit der ersten Befragungsrunde	84
	4.1.1.14	Beantwortung der dritten Forschungsfrage	85

	4.1.2	Zweite Befragungsrunde	87
	4.1.2.1	IT-Strategie	88
	4.1.2.2	Geschäftsprozessmanagement	91
	4.1.2.3	IT-Kostenmanagement	93
	4.1.2.4	Kommunikationsmanagement	96
	4.1.2.5	Monitoring	99
	4.1.2.6	Fazit der zweiten Befragungsrunde	102
	4.1.2.7	Beantwortung der zweiten Forschungsfrage	103
4.2	Interpretation Literaturanalyse vs. Delphi-Befragung		104
	4.2.1	Beantwortung der ersten Forschungsfrage	104
	4.2.1.1	IT-Strategie	104
	4.2.1.2	Geschäftsprozessmanagement	106
	4.2.1.3	IT-Kostenmanagement	107
	4.2.1.4	Kommunikationsmanagement	109
	4.2.1.5	Monitoring	110
5	**Interview**		**112**
6	**Schlussbetrachtung/Resümee**		**114**

Abkürzungsverzeichnis .... **CXVIII**
Literaturverzeichnis .... **CXIX**
Abbildungsverzeichnis .... **CXXIII**
Anhang .... **CXXVII**

Gender-Hinweis

Im Sinne einer besseren Lesbarkeit dieses Fachbuches wurde nur die männliche Form von Personen bezogenen Hauptwörtern gewählt. Dies impliziert keinesfalls eine Benachteiligung des anderen Geschlechts. Frauen und Männer mögen sich von den Inhalten dieses Buches gleichermaßen angesprochen fühlen.

1 Abstract

Die Informationstechnologie ist heutzutage beinahe in jedem Unternehmen ein nicht mehr wegzudenkender Produktions- bzw. Unterstützungsfaktor. Die IT erbringt dabei für strategische, administrative und operative Bereiche im Unternehmen unterschiedliche Leistungen. In wirtschaftlich turbulenten Zeiten – wie der jüngsten Finanz- und Wirtschaftskrise 2008/2009 – kommt der IT besondere Bedeutung zu, da sich die Chance bietet, in verschiedenen Bereichen im Unternehmen gezielte Verbesserungen oder eine Neuausrichtung durchzuführen.

Im vorliegenden Buch wurden Maßnahmen aufgegriffen, die in einer Studie zum Thema die IT in der Wirtschaftskrise – an der der Autor dieses Buches mitgewirkt hat – identifiziert wurden. Diese Studie wurde am Institut für Wirtschaftsinformatik, Information Engineering an der Johannes Kepler Universität im Jahr 2010 verfasst.

Im theoretischen Teil dieses Fachbuches wurde eine erneue Literaturrecherche durchgeführt und die Maßnahmen anhand dieser Ergebnisse nochmals analysiert und bewertet. Es wurde herausgearbeitet, wie diese Maßnahmen, speziell durch den IT-Einsatz, das Unternehmen in wirtschaftlich schwierigen Zeiten unterstützen können.

Nachstehende Fragen wurden im theoretischen Teil durch die Ergebnisse aus der Literaturanalyse beantwortet:

Können durch diese Maßnahmen im Unternehmen bzw. der IT-Abteilung Kosten reduziert werden? Kann ein wertsteigernder Einsatz der IT durch die Maßnahmen erzielt werden? Wer im Unternehmen trifft die Entscheidung über den Einsatz einer Maßnahme? Wo und zu welcher Zeit im Unternehmen wirkt eine realisierte Maßnahme? Welche Vorteile bringt ein Einsatz dem Unternehmen?

Um diesen literaturgeleiteten Ansatz zu überprüfen, wurde im empirischen Teil eine Delphi-Befragung durchgeführt. Das Kapitel zur empirischen Datenerhebung gibt detailliert Auskunft über die Planung, Vorbereitung und Durchführung der Befragungsstudie. Fünf IT-Experten haben in zwei Befragungsrunden jede Maßnahme bewertet. Diese Ergebnisse wurden den Literaturergebnissen gegenübergestellt, verglichen und interpretiert.

Abschließend erfolgte ein Interview mit einem der teilnehmenden Experten und die erzielten Ergebnisse wurden nochmals reflektiert.

2 Einleitung

Die Informationstechnologie ist in den meisten Unternehmen ein unverzichtbarer Produktionsfaktor und unterstützt dabei alle strategischen, administrativen und operativen Bereiche und Tätigkeiten im Unternehmen. Viele Manager erkannten die Chance, die sich auch in einer schwierigen wirtschaftlichen Zeit – wie der Weltwirtschaftskrise 2008/2009 – bieten kann und gaben „grünes Licht" für diverse Neuausrichtungen bzw. Optimierungen im Unternehmen. Unterstützt wurden solche Maßnahmen verstärkt durch die Mitarbeit der IT-Abteilungen. Die Maßnahmen beziehen sich dabei nicht nur auf die Bewältigung schwieriger Zeiten, sondern auch auf die Phase danach, in denen Unternehmen wieder Zuwächse verzeichnen können, Kunden an sich binden oder auch Wettbewerbsvorteile verwirklichen können.

2.1 Problembeschreibung und Zielsetzung des Buches

In einer Studie – der Autor dieses Buches ist Mitautor der Studie – wurden auf Basis einer Literaturanalyse Maßnahmen abgeleitet und eine Klassifizierung vorgenommen. Diese Einteilung in eine Entscheidungs- und Wirkungsmatrix wurde in vielen Gruppendiskussionen erarbeitet. Die Autoren waren dabei unsicher, ob diese Einteilung „praxistauglich" durchgeführt wurde, da fast keiner im Zusammenhang mit den identifizierten Maßnahmen Berufserfahrung vorweisen konnte.

Ziel dieses Buches ist es, diese Unsicherheit durch eine empirische Überprüfung zu beseitigen. Mit einer Delphi-Befragung (Teilnehmer sind IT-Experten aus der Wirtschaft) wird überprüft, inwieweit eine Übereinstimmung zwischen Literaturansatz und Praxisergebnis der Delphi-Befragung vorliegt. Ein weiteres Ziel ist die Klärung der Frage, welche Maßnahme im Zusammenhang mit der Wirtschaftskrise 2008/2009 Potential (Nachhaltigkeit, Kostenreduktion, Mitarbeiterzufriedenheit, Vorteile) vorweisen kann. Welcher Maßnahme trauen die Experten zu, das Unternehmen in schwierigen Zeiten zu unterstützen?

2.2 Forschungsfragen

Folgende zentrale Fragestellungen sollen im Rahmen dieses Buches beantwortet werden:

2.2.1 Erste Forschungsfrage

In welchen Bereichen können Gemeinsamkeiten bzw. Unterschiede zwischen dem Ergebnis der Literaturanalyse und dem Ergebnis der Delphi-Befragung festgestellt werden?

Eine Zerlegung des zu überprüfenden Sachverhaltes mittels Facettentheorie wird durchgeführt. Bei dieser Zerlegung werden die wesentlichen von den unwesentlichen Dimensionen getrennt. Genauere Informationen zur Facettentheorie sind im Kapitel 3.4.1.2 angeführt.

Facette 1: Motive und Beweggründe (Kostenersparnis, Nachhaltigkeit usw.) für den Einsatz einer Maßnahme?

Erklärung: Dadurch sind die Wirkungsebene und der Wirkungszeitraum überprüfbar. Im Zuge der Literaturanalyse wurden Beispiele erarbeitet, die die vorgenommene Klassifizierung erläutern sollen. Die Experten sind in der Studie, neben der Einteilung der Maßnahmen in die Matrix, dazu aufgefordert, verschiedene Anwendungsbeispiele aus der Praxis anzuführen.

Facette 2: Welche Person(en) bzw. auf welcher Ebene im Unternehmen wird der Einsatz, die Einführung einer Maßnahme beschlossen?

Erklärung: Anhand dieser Fragestellung kann die aus der Literatur abgeleitete Einteilung der Entscheidungsebenen im Unternehmen (strategisch, administrativ oder operativ) überprüft werden.

Facette 3: Welche Auswirkungen kann der Einsatz der Maßnahme auf das Unternehmen (Vor- und Nachteile) haben?

Erklärung: Die im theoretischen Teil dieses Buches identifizierten Vor- und Nachteile werden durch diese Fragestellung verifiziert.

2.2.2 Zweite Forschungsfrage

Mit welcher Maßnahme kann die Informationstechnologie wertsteigernd eingesetzt werden?

In der Literatur findet man häufig den Begriff „wertorientierte IT-Strategie." [Buchta et al. 2009] beschreiben diesen Begriff als Prozess, der von der IT und den Fachabteilungen ausgeführt wird, um die IT-Komponenten zu identifizieren, die einen möglichst hohen Wertbeitrag für das Unternehmen erzielen können (IT als Enabler für das Geschäft). Die IT als Enabler für das Geschäft einzusetzen, heißt laut [Buchta et al. 2009]:

- Reduktion der Kosten (nicht nur IT-Kosten) im Unternehmen
- Stärkung des Umsatzes
- Erschließung neuer Geschäftsfelder und Steigerung des Umsatzes

[Buchta et al. 2009, S. 21].

Anhand der Frage kann ermittelt werden, welcher Maßnahme, die Experten diese Fähigkeiten zutrauen.

2.2.3 Dritte Forschungsfrage

Welche Maßnahme hat das Potential, im Zusammenhang mit der Weltwirtschaftskrise ein Unternehmen zu unterstützen?

Die Experten sollen im Zuge der ersten Befragungsrunde der Delphi-Befragung eine Potentialeinschätzung der Maßnahmen im Zusammenhang mit der Weltwirtschaftskrise 2008/2009 treffen. Dieses Kriterium ist ausschlaggebend dafür, welche Maßnahmen in den Fragebogen für die zweite Fragerunde übernommen werden. Nur wenn die Mehrheit der Experten das Potential der Maßnahme mit „sehr hoch" oder „hoch" bewertet, wird diese in die zweite Befragungsrunde aufgenommen (siehe Kapitel 3.4.1.8).

2.3 Forschungsdesign

Das Forschungsdesign der vorliegenden Untersuchung sieht einerseits eine Literaturrecherche und andererseits eine Expertenbefragung mittels Delphi-Befragung vor. Anhand der Literaturanalyse konnten die Einteilung der Maßnahmen in eine Entscheidungs- und Wirkungsmatrix überarbeitet, Ableitungsbeispiele erarbeitet und Vorteile identifiziert werden. Dieser Literaturansatz wurde durch die Delphi-Befragung evaluiert. Der Vergleich der aus der Literatur abgeleiteten Maßnahmen (siehe Kapitel 3.3) mit dem Ergebnis der Delphi-Befragung soll zeigen, inwieweit der literaturgeleitete Sachverhalt mit der Praxis übereinstimmt bzw. davon abweicht.

2.4 Aufbau und Vorgangsweise

Um das Ziel der vorliegenden Studie zu erreichen und Antworten auf die zentralen Forschungsfragen zu erhalten, wurde folgender Aufbau gewählt:

Damit sich der Leser mit zentralen Begriffen des Buches vertraut machen kann, wird in ***Kapitel 3.1*** eine Begriffsdefinition vorgenommen. Die Entstehung und die Auswirkungen der Weltwirtschaftskrise 2008/2009 werden analysiert und eine Maßnahme um der Krise entgegenzutreten, die Kurzarbeit, wird präsentiert.

Kapitel 3.2 beschreibt die theoretischen Grundlagen. Die Matrix, zur Einteilung der Maßnahmen in die Entscheidungs- und Wirkungsebenen, wird erklärt und Begriffe, wie strategisches, administratives und operatives Informationsmanagement, werden abgegrenzt.

In ***Kapitel 3.3*** erhält der Leser einen Überblick über die aus der Literatur abgeleiteten Maßnahmen. Die Maßnahmen werden detailliert beschrieben, die Einteilung in die Wirkungs- und Entscheidungsmatrix wird vorgenommen und mittels Anwendungsbeispiele erläutert. Vor- und Nachteile, die im Unternehmen auftreten können, werden ebenso angeführt wie mögliche Wechselwirkungen, die zwischen den Maßnahmen identifiziert wurden.

Informationen zur empirischen Datenerhebung werden in ***Kapitel 3.4*** präsentiert. Der Leser erhält eine detaillierte Beschreibung über die verwendete empirische Methode. Die Planung und Durchführung der Delphi-Befragung, die Auswahl der Experten und die Auswertung und Analyse werden genau beschrieben.

Die Ergebnisse der Delphi-Befragung werden in ***Kapitel 4.1*** für jede Befragungsrunde dargestellt. Das Resultat wurde anhand mehrerer Abbildungen grafisch aufbereitet und entsprechend dokumentiert. Zu jeder Befragungsrunde wird abschließend ein Fazit gezogen. Die zweite und dritte Forschungsfrage wird in diesem Kapitel beantwortet.

Der Vergleich zwischen Literaturergebnis und dem Ergebnis der Delphi-Befragung erfolgt in ***Kapitel 4.2***. Durch diesen Vergleich kann eruiert werden, inwieweit der literaturgeleitete Sachverhalt und die Praxisergebnisse übereinstimmen.

In *Kapitel 5* werden die Ergebnisse aus dem Interview angeführt, dass mit Herrn Thomas Klammer durchgeführt wurde.

Abschließend wird in *Kapitel 6* ein Resümee gezogen.

3 Problemlösungsweg

Im diesem Kapitel wird eine Begriffsdefinition durchgeführt, die theoretischen Grundlagen erläutert, die Maßnahmen beschrieben und die Methode der empirischen Datenerhebung vorgestellt.

3.1 Begriffsdefinition

In diesem Kapitel werden die verwendeten Begriffe definiert bzw. abgegrenzt. Um eine Klassifizierung der Maßnahmen (verwendete Matrix: siehe Kapitel 3.2) vornehmen zu können, ist es notwendig sich mit verschiedenen Begriffen vertraut zu machen. Diese Begriffe werden nachstehend erläutert.

Der Begriff Wirtschaftskrise wird ebenso in diesem Kapitel erläutert und analysiert, wie es zur weltweiten Wirtschaftskrise kommen konnte. In weiterer Folge wird der Begriff Kurzarbeit betrachtet, da dies ein Auswahlkriterium bei der Expertensuche darstellt.

3.1.1 Strategisches Informationsmanagement

Das strategische Informationsmanagement hat die strategische Ausrichtung sowie die Planung, Überwachung und Steuerung der Informationsinfrastruktur zum Gegenstand. Definiert wird die Zielrichtung, die den Einsatz der Informationsstruktur zur Unterstützung der Unternehmensziele bestimmt. [Lassmann 2006, S. 291 f.] [Heinrich & Stelzer 2009, S. 30 f.]

Aufgaben können sein:
- Festlegen der strategischen IT-Ziele
- Erarbeiten der IT-Strategie
- Informationsbeschaffung für die Planung, Steuerung und Überwachung der Informationsinfrastruktur

[Heinrich & Stelzer 2009, S. 30]

3.1.2 Administratives Informationsmanagement

Das administrative Informationsmanagement setzt die Vorgaben aus der strategischen Ebene um und befasst sich mit der Planung, Überwachung und Steuerung aller Komponenten der Informationsinfrastruktur (Anwendungssysteme, Datensysteme, Ressourcen). Dadurch werden die Voraussetzungen für die Nutzung der Infrastruktur geschaffen. [Lassmann 2006, S. 291 f.] [Heinrich & Stelzer 2009, S. 31]

Aufgaben können sein:
- Planen, Überwachen und Steuern der Projekte zum Auf- und Ausbau der Informationsinfrastruktur
- Analysieren und Optimieren der Geschäftsprozesse
- Gestaltung von Vertragsbeziehungen

[Heinrich & Stelzer 2009, S. 31]

3.1.3 Operatives Informationsmanagement

Das operative Informationsmanagement ist auf die *„Produktion und Verarbeitung der Informationen sowie die Sicherung der Funktionsfähigkeit der IT-Infrastruktur ausgerichtet"* [Lassmann 2006, S. 292]. Komponenten der operativen Ebene können Software, Hardware, Werkzeuge, Personal und verschiedene Methoden sein. [Heinrich & Lehner 2005, S. 23]

Aufgaben können sein:
- Benutzer- und Kundensupport
- Verfügbarkeit der Informationsinfrastruktur gewährleisten
- Störungen im Produktionsbetrieb erkennen und beseitigen

[Heinrich & Lehner 2005, S. 34]

3.1.4 Matrix: Wirkungsebene und Wirkungszeit

Kurzfristig: unter 1 Jahr
Mittelfristig: zwischen 1 und 4 Jahre
Langfristig: länger als 4 Jahre

Als Größe für den Zeitraum **„kurzfristig"** wurde ein Jahr gewählt, da dies einem Bilanzjahr in einem Unternehmen entspricht und die Auswirkungen der Maßnahme bereits im nächsten Bilanzjahr erkennbar sind.

Als **„langfristig"** wird der Zeitpunkt ab vier Jahren definiert, da nach Meinung des Autors alle im Buch identifizierten Maßnahmen innerhalb der ersten vier Jahre umgesetzt werden können und die Wirkung im fünften Jahr gegeben ist.

Der Zeitrahmen für **„mittelfristig"** liegt demnach zwischen einem und vier Jahren.

3.1.5 Von der amerikanischen Finanzmarktkrise zur Wirtschaftskrise

Da die Informationen der Weltwirtschaftskrise aus den 30er Jahren zu einem besseren Verständnis für die Krise von 2008/2009 führen, gehe ich kurz auf diese schwierige Zeit im nachstehenden Abschnitt ein.

3.1.5.1 Weltwirtschaftskrise 1929 - 1933

Die Literatur erwähnt, dass die 20er Jahre unserer Zeit vor der Krise nicht unähnlich waren. Konzerne standen bereits miteinander in Wettbewerb und die Bürger konnten an diesen Unternehmen Aktienanteile erwerben. Die Aktienkurse befanden sich in einem Hoch, die Bürger konnten sich die neuesten Konsumgüter leisten. Immer mehr Kleinanleger wollten diese positive Zeit nutzen und begannen zu spekulieren. Um Aktien zu erwerben wurden kurzfristige, sehr hohe Kredite aufgenommen. Die gekauften Aktien reichten den Banken oft als Sicherheit für den gewährten Kredit aus. Die Börsenkurse stiegen im Verlauf der 20er Jahre immer weiter. [Schuh et al. 2011, S. 14]

Als im Jahr 1928 der Börsenkurs erstmals deutlich nachgab, versuchte die Notenbank durch Kreditzinserhöhung regulierend einzugreifen. Die Spekulanten sahen durch den Kurseinbruch keinen Grund zur Beunruhigung und finanzierten weitere Aktienkäufe durch die neue Aufnahme von Krediten. Die Spekulationsblase wuchs durch diese Aktivitäten der Anleger permanent weiter an. Im Oktober 1929 brach der Aktienkurs erneut ein und der Dow-Jones-Index rutschte ins Minus – die Anleger wurden erstmals nervös und realisierten, dass sie mit Verlusten die eigenen Kredite nicht mehr bedienen konnten. In weiterer Folge brach der Kapitalfluss zusammen und durch massive Verkäufe stürzten die Kurse am „schwarzen Donnerstag" (24. Oktober 1929) ins Bodenlose. Der Handel brach ein und börsennotierte Unternehmen verloren dramatisch an Wert – die Spekulationsblase war geplatzt. [Schuh et al. 2011, S. 15]

Vergleichbar mit der Krise 2008/2009 war auch in den 30er Jahren rasch die Realwirtschaft betroffen. In Deutschland und den USA brach die industrielle Produktion zusammen und der Welthandel war um bis zu zwei Drittel rückläufig. Die Auswirkungen auf die Arbeitsmärkte der betroffenen Länder waren gewaltig, viele Unternehmen und Banken sahen sich gezwungen einen Großteil Ihrer Mitarbeiter zu entlassen und waren kurze Zeit später doch zahlungsunfähig. Auch zu dieser Zeit versuchte die US-Regierung durch verschiedene Maßnahmen regulierend einzugreifen. Gegen die Massenarbeitslosigkeit wurde der „New Deal", ein Bündel von verschiedenen Wirtschafts- und Sozialreformen, von der Regierung verabschiedet. Diese Maßnahmen halfen der Marktwirtschaft allerdings nur kurzfristig. Erst der zweite Weltkrieg und der damit verbundene Aufschwung in den kriegswichtigen Industrien brachte das Ende dieser Weltwirtschaftskrise. [Schuh et al. 2011, S. 18 f.]

3.1.5.2 Die Krise von 2008/2009

Bereits in den 1990er Jahren wurde in den USA „der Grundstein" für die Krise von 2008/2009 gelegt, da das Glass-Steagall Gesetz zu dieser Zeit vom US-Kongress (unter der Regierung von Bill Clinton) aufgehoben wurde. Das Gesetz stellte sicher, dass Banken keine großen Kreditsummen leichtfertig an finanziell angeschlagene Unternehmen vergeben. [Schuh et al. 2011, S. 25]

Nach Abschaffung des Glass-Stegall Gesetz investierten US-Banken sehr intensiv in Unternehmen aller Branchen und mussten dann wiederum unverantwortliche Kredite vergeben – um ihre Investitionen zu schützen – wenn diese Firmen in Schwierigkeiten gerieten. Speziell im Investmentbanking wurden Transaktionen fern aller Vernunft getätigt. [Schuh et al. 2011, S. 25]

Die Investmentbanken verzichteten auf eine detaillierte Prüfung ihrer Schuldner und deren Hypothekenanträge, bündelten gute und schlechte Hypotheken zu Wertpapierpaketen und verkauften diese an Spekulanten und verschiedene Investoren. Daher war für die Banken eine Überprüfung der Risiken nicht mehr notwendig, da sie die Papiere weiterverkauft haben. Die Vermeidung von Kreditausfällen hatte für die Banken plötzlich keine Priorität mehr. Die Bündelung der Hypotheken erhöhte die Produktkomplexität und machte eine Risikoeinschätzung für die Rating-Agenturen und weiteren Regulierungsinstanzen sehr schwierig. Bis zur Pleite der Lehman Brothers wurden die Transmissionskanäle in die Realwirtschaft falsch eingeschätzt. [Wirtschaftsdienst 2009, S. 237 f.] [Wirtschaftsdienst 2010, S. 95]

Im Jahr 2006 brach dieser Trend und die Immobilienblase in den USA platzte. In weiterer Folge wurden immer stärkere Zahlungsausfälle der Hypothekenschuldner verzeichnet, Sicherheiten waren durch fehlende Überprüfung der Banken nicht oder nur in sehr geringen Umfang vorhanden. Den Banken fehlte das Vertrauen untereinander, deshalb wurden gegenseitige Kredite nicht mehr vergeben. Auch für Unternehmer wurde es fast unmöglich an einen Kredit zu kommen. Das Finanzsystem kollabierte und der Staat musste durch großen finanziellen Mittelaufwand einen totalen Zusammenbruch verhindern. [Wirtschaftsdienst 2009, 237 f.] [Schäfer 2009, S. 188 ff.]

Für kurze Zeit waren Experten der Meinung, die Finanzkrise in den USA bleibe ein amerikanisches Problem und die US-Regierung wird diese schwierige Zeit wieder in den Griff bekommen. Ebenso war man der Meinung, dass die Auswirkungen auf die Realwirtschaft nur gering ausfallen werden – eine Illusion! Aus der amerikanischen Finanzkrise entwickelte sich eine globale Krise, deren Hauptbetroffenen auch die ärmsten Regionen der Welt sind. [Wirtschaftsdienst 2009, S. 236]

Laut [Schäfer 2009] hat *„die Finanzkrise (...) in der Nacht des 26. September 2008 Europas Banken mit Wucht erreicht"*, und sich sehr rasch von *„Bank zu Bank"* und *„Land zu Land"* ausgebreitet. [Schäfer 2009, S. 204 f.]

Natürlich waren auch die Auswirkungen auf die reale Wirtschaft sehr schnell spürbar, da die Exporte sehr stark eingebrochen sind. In den USA ist die Konsumgüternachfrage aufgrund starker Vermögensverluste (Aktien und Immobilienmarkt) eingebrochen. Deutschland, Japan und China, sehr stark exportorientierte Länder, waren daher besonders stark betroffen. [Wirtschaftsdienst 2009, S. 238]

3.1.5.3 *Kurzarbeit*

Mit dem Einsatz von Kurzarbeit versuchen Unternehmer schwierigen wirtschaftlichen Zeiten entgegen zu treten. Dieses Szenario wurde in der Vergangenheit mehrmals erfolgreich eingesetzt und ist in vielen Branchen daher etabliert. So stark wie in der jüngsten Krise wurde dieses Mittel aber noch nie angewandt. Viel mehr Betriebe haben auf Kurzarbeit zurückgreifen müssen, um den drohenden Kündigungswellen entgegenzuwirken. Im Oktober 2008 war ein sehr starker Anstieg von Kurzarbeitern zu verzeichnen, den Höhepunkt erreichte diese Entwicklung im zweiten Quartal 2009. In Deutschland waren im Mai 2009 mehr als 1,5 Millionen Arbeitnehmer von dieser Maßnahme betroffen. Außer Frage steht, dass ohne Kurzarbeit die Arbeitslosigkeit noch sehr viel mehr gestiegen wäre. [Brenke et al. 2010, S. 2 ff.]

Die Arbeitgeber müssen keine Mitarbeiter aus ihrer Kernbelegschaft kündigen, sondern können die Zeit mit Kurzarbeit abfedern. Daraus resultiert ein wesentlicher Vorteil dieses Instruments – bessert sich die Auftragslage muss kein neues Personal eingestellt werden. Die Unternehmen greifen wieder auf ihre bereits eingeschulten Mitarbeiter zurück. Dadurch können erhebliche Such- und Einarbeitungskosten gespart werden. [Brenke et al. 2010, S. 10]

Der Autor hat bei verschiedenen Institutionen in Oberösterreich versucht, Daten über Kurzarbeit zu bekommen. Vom Arbeitsmarktservice Linz wurden schließlich folgende Informationen zur Verfügung gestellt: (da diese Daten keiner speziellen Branche oder Unternehmen zugeordnet werden können, unterliegen sie nicht dem Datenschutz)

Informationen über Kurzarbeit in Oberösterreich				
	2008	**2009**	**2010**	**2011**
Anzahl der Betriebe in Kurzarbeit	10	101	48	8
Von Kurzarbeit betroffenen Personen	2.112	18.137	5.191	325
Ausbezahlte Kurzarbeitsbeihilfe	682.849,53	37.316.908,79	7.886.277,32	144.867,56

Tabelle 1: Kurzarbeit in Oberösterreich, AMS Linz, Stand: 23.05.2011

Die Zahlen verdeutlichen, dass 2009 auch in Oberösterreich ein rasanter Anstieg der Personen und Unternehmen in Kurzarbeit zu verzeichnen war. In den Jahren 2010 und 2011 sinken die Zahlen wieder und erreichen das Niveau wie vor der Krise.

3.2 Theoretische Grundlagen

Im folgenden Abschnitt bekommt der Leser einen Überblick über die literaturgeleitete Grundlage, die diesem Buch zu Grunde liegt.

3.2.1 Grundlage für dieses Fachbuch

Als Grundlage wird eine Fachstudie (Titel der Studie: IT in der Wirtschaftskrise) verwendet, die 2010 am Institut für Wirtschaftsinformatik – Information Engineering – von Studierenden (Autoren: Student 1, Student 2, Klaus Leonhartsberger, Stefan Mühlbacher, Student 5 und Gerald Schwarzinger) erstellt wurde. In dieser Studie wurde ein Maßnahmenkatalog erarbeitet, der es unter anderem einer IT-Abteilung bzw. dem Unternehmen ermöglichen soll, schwierige wirtschaftliche Zeiten (z. B. die Finanzkrise u. Wirtschaftskrise 2008/2009) zu überbrücken und anschließend möglichst gestärkt hervorzutreten.

In mehreren Diskussionen innerhalb der Autorengruppe und durch die Erkenntnisse aus der Literaturanalyse wurde versucht, die identifizierten Maßnahmen in eine Ebenen- und Wirkungsmatrix einzuordnen und dadurch zu klassifizieren. Die Gliederung der Unternehmensbereiche erfolgte auf Basis des Drei-Ebenen-Modell (strategische, administrative und operative Ebene) nach Heinrich. [Heinrich & Stelzer 2009, S. 23 u. S. 29] In Abbildung 1 wird die Einteilungsmatrix vorgestellt und erklärt:

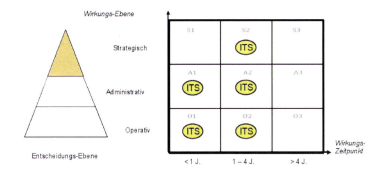

Abbildung 1: Bsp. für die Entscheidungs- und Wirkungsebene bzw. Wirkungszeit

3.2.1.1 *Entscheidungsebene:*

Durch diese Klassifizierung wird ersichtlich, auf welcher Ebene im Unternehmen die jeweilige Maßnahme entschieden wird. Das in Abbildung 1 angeführte Beispiel wird auf strategischer Ebene entschieden. Aus der Literatur konnte allgemein abgeleitet werden, dass das Top-Management im besten Fall hinter jeder realisierten Maßnahme steht. Das muss aber nicht bedeuten, dass die Maßnahme auch auf strategischer Ebene entschieden wird. Eine Definition zu den einzelnen Ebenen findet der Leser im Kapitel 3.1.

3.2.1.2 *Wirkungsebene und -zeit*

Durch die Einteilung in die Matrix wird verdeutlicht, auf welcher Ebene die Maßnahme im Unternehmen wirkt. Weiter soll dabei die Wirkungszeit (der Wirkungszeitpunkt) gekennzeichnet werden. Betrachtet man das Beispiel in Abbildung 1, wird deutlich, dass die Maßnahme auf strategischer Ebene mittelfristig und auf administrativer und operativer Ebene kurz- und mittelfristig wirkt. Zur einfacheren Orientierung wurden folgende Feldbezeichnungen in die Matrix übernommen:

S1 strategisch kurzfristig	**S2** strategisch mittelfristig	**S3** strategisch langfristig
A1 administrativ kurzfristig	**A2** administrativ mittelfristig	**A3** administrativ langfristig
O1 operativ kurzfristig	**O2** operativ mittelfristig	**O3** operativ langfristig

Die Literaturanalyse ergab, dass Maßnahmen auf ihrer(n) Entscheidungsebene(n) wirken und den Ebenen darunter. Um die Einteilung von Wirkungsebene und -zeit dem Leser verständlich zu machen, wurden zu jeder Maßnahme entsprechende Anwendungsbeispiele abgeleitet. (Die oben angeführten Feldbezeichnungen wurden dazu verwendet.) Es war teilweise sehr schwierig, zwischen Wirkung der Maßname und Aufgabe, (die durch die Maßnahme auf der entsprechenden Ebene zu erwarten ist) zu unterscheiden. Die Grenzen zwischen diesen beiden Begriffen sind fließend.

Im ersten Teil dieses Buches wurden diese Maßnahme durch eine erneute, umfangreiche Literaturrecherche und Literaturanalyse neu aufgebaut und die vorhandenen Einteilungen gegebenenfalls adaptiert. (siehe Kapitel 3.3)

3.3 Maßnahmen

In diesem Kapitel werden die in der Literatur identifizierten Maßnahmen beschrieben, eine Klassifizierung vorgenommen und die Wechselwirkungen erläutert.

3.3.1 IT-Strategie

„Eine strategische Vision ist ein klares Bild von dem, was man erreichen will." (John Naisbitt (1930), amerikanischer Prognostiker)

„Die Strategie der Informationstechnologie (IT-Strategie) legt die Zielrichtung für die Entwicklung der Informationsinfrastruktur (IT-Infrastruktur) fest. Dabei werden die Investitionsfelder der Informationstechnologie (IT) in Abstimmung mit der Unternehmensstrategie bestimmt". [Lassmann 2006, S. 293]

Laut [Rüter et al. 2010, S. 40] steht am Anfang der Strategieentwicklung die Version. Eine Version besteht dabei in der Regel aus den Teilen „Mission-Statement" und „Strategische Leitlinien".

- „Mission-Statement": Spiegeln die Aufgaben der IT in den nächsten drei bis fünf Jahren wieder.
- „Strategische Leitlinien": Geben die Zielsetzung der IT vor und werden aus der Geschäftsstrategie und den Markttrends abgeleitet.

[Rüter et al. 2010, S. 41]

Dynamische Marktentwicklungen und die daraus resultierenden Anforderungen an das Unternehmen erfordern die rasche Einbindung neuer Technologien in die bestehende IT-Infrastruktur. [Lassmann 2006, S. 293]

Die geforderten Anforderungen an die IT-Infrastruktur für die kommenden drei bis fünf Jahre werden analysiert und daraus eine IT-Strategie formuliert. Einen Kernbereich dabei bildet die Investitionsbereitschaft in die Informationstechnologie und deren Ressourcen. Das IT-Budget muss durch die IT-Strategie ebenfalls festgelegt werden. [Rüter et al. 2010, S. 36]

[Rüter et al. 2010] sieht in einer Strategie den richtigen Einsatz der vorhanden Mittel und Ressourcen. Folgendes soll dabei geklärt werden:

- „Was soll erreicht werden?" – Identifizierung und Formulierung eines zukünftigen Sollzustandes
- „Wann?" – Bis wann sollen die gesetzten Ziele und Maßnahmen umgesetzt werden?

- „Wo?" – In welchen Bereichen soll die entworfene Strategie wirken?
- „Womit? Wer?" – Benennung von Verantwortungsträgern, für die gesetzten Ziele

[Rüter et al. 2010, S. 36]

Die IT-Strategie verfolgt gemeinsam mit der Unternehmensstrategie das Ziel, den operativen Geschäftsbetrieb mit Hilfe der vorhandenen IT-Ressourcen bestmöglich zu unterstützen. Durch die IT-Strategie wird sichergestellt, dass die Informationstechnologie auf das Geschäft ausgerichtet wird. Die dadurch entstehende Transparenz im Unternehmen ist ein zentraler Vorteil, da für das Management und die Mitarbeiter nachvollziehbar wird, welche Tätigkeiten die IT-Abteilung verrichten. [Rüter et al. 2010, S. 37]

Damit ein Unternehmen langfristig erfolgreich wirtschaften kann, muss die IT-Strategie von der Unternehmensstrategie abgleitet werden. Die Ziele der beiden Strategien müssen regelmäßig kontrolliert und abgestimmt werden um ein optimales Zusammenspiel zu gewährleisten. [Heinrich & Stelzer 2009, S. 122 ff.]

Dass die Praxis in den Unternehmen oft anders aussieht, belegt eine Studie von [Ernest & Young 2002]. Während dieser Studie wurden 100 Schweizer Unternehmen und deren IT-Abteilungen untersucht und analysiert. Das Ergebnis war überraschend. 26 % der Unternehmen verfügen über keine schriftlich formulierte IT-Strategie. 12 % der Unternehmen haben keine schriftlich festgelegte Unternehmensstrategie, diese Situation zeigt sich meist in Unternehmen mit weniger als 200 Mitarbeitern. [Ernest & Young 2002]. Das Ergebnis meiner Delphi-Befragung belegt, dass das aber auch anders sein kann. Alle Unternehmen der teilnehmenden Experten verfügen über eine IT-Strategie.

Eine mögliche Erklärung für die fehlende Verknüpfung zwischen IT- und Unternehmensstrategie liefern die Ergebnisse der Inhaltsanalyse von [Riedl et al. 2008]. Es wurden 679 Geschäftsbereiche von börsennotierten Unternehmen in Deutschland, Österreich und der Schweiz untersucht. Dabei wurde festgestellt, dass meistens eine Verankerung der IT im Vorstand fehlt. In Österreich ist lediglich bei 23 % der untersuchten Unternehmen die IT im Vorstand integriert.

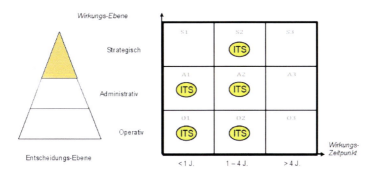

Abbildung 2: Einordnung der Maßnahme IT-Strategie

Die IT-Strategie wird von der Unternehmensstrategie abgeleitet und durch Zusammenarbeit zwischen Management und Fachabteilung formuliert. Da die Geschäftsseite dabei in einer führenden und vorgebenden Position ist, erfolgt die Einordnung in die strategische Entscheidungsebene. Die Erstellung einer IT Strategie ist ein aufwendiger Abstimmungsprozess, der sich beinahe durch alle Unternehmensbereiche zieht und diese auch beeinflusst. Daher erfolgt die Einordnung in alle drei Wirkungsebenen. [Rüter et al. 2010, S. 48 ff.]

S2: Durch den strategisch geplanten IT-Einsatz kann das Unternehmensergebnis nachhaltig verbessert werden; der Wirkungsgrad und Business Value der IT wird mittels IT-Strategie sichtbar gemacht, eine Akzeptanzsteigerung der IT-Leistungen im Unternehmen kann dadurch ermöglich werden. [Buchta et al. 2009, S. 21 ff.]

A1: Durch Definition der Rahmenbedingungen können das Topmanagement und die Fachabteilungen jederzeit steuernd eingreifen – agieren statt reagieren; Transparenz durch vereinheitlichte Strukturen in der Budgetplanung. [Rüter et al. 2010, S. 37 ff.]

A2: Klare Rahmenbedingungen und einheitliche Vorgehensweise bei Planung und Monitoring von Projekten.

O1: Umsetzung der Rahmenbedienungen bezogen auf die IT-Infrastruktur; die bereichsindividuelle Ausgangssituation muss berücksichtigt werden, damit die durchgeführten Maßnahmen von den Mitarbeitern akzeptiert werden. [Lassmann 2006, S. 293] [Buchta et al. 2009, S. 21 ff.]

O2: Analyse neuer Technologien um diese gegebenenfalls in die IT-Landschaft integrieren zu können. [Lassmann 2006, S. 293]

Wechselwirkungen zwischen den Maßnahmen

Die IT-Strategie beeinflusst beinahe jede andere identifizierte Maßnahme. [Rüter et al. 2010, S. 46 ff.] führt z. B. die Wechselwirkung zwischen IT-Strategie, Personalmanagement und Outsourcing an. Eine in der IT-Strategie integrierte Outsourcing-Strategie beeinflusst das IT-Personalmanagement, da weniger Fachkräfte in der eigenen Abteilung benötigt werden. Auch zwischen dem Budgetplanungsprozess (IT-Kostenmanagement) und der Entwicklung bzw. Editierung der IT-Strategie besteht eine Wechselwirkung, da diese meist parallel durchgeführt werden und sich gegenseitig beeinflussen. [Rüter et al. 2010, S. 47]

3.3.2 Benchmarking

„Benchmarking ist das Messen von Prozesseigenschaften und das Vergleichen der Messergebnisse mit denen von Referenzprozessen (idealer Weise dem „besten Prozess", also „best pratice")." [Lassmann 2006, S. 305]

Benchmarking ist ein etabliertes Analyseinstrument zur Durchführung unternehmerischer Planungsprozesse. Andere Methoden sind z. B. SWOT-Analyse, Szenario-Analyse, Portfolio-Analyse, Lebenszyklusanalyse oder Wertkettenanalyse. [Zarnekow 2007, S. 78]

Benchmarking ist eine systematische Vorgehensweise um Evaluierungsobjekte miteinander zu vergleichen und um die bestmögliche Lösung zu identifizieren. Durch Benchmarking können unter anderem IT-Produkte, IT-Dienstleistungen oder Geschäftsprozesse beurteilt und mittels vorher definierter Indikatoren (Kriterienerträge) vergleichbar gemacht werden. [Heinrich & Lehner 2005, 462]

Durch externes Benchmarking können Unternehmen einen Vergleich branchenspezifischer Kennzahlen durchführen. Durch diesen Vergleich können Stärken und Schwächen im eignen Unternehmen identifiziert werden. Das interne Benchmarking wird meist in großen Unternehmen (Konzernen) eingesetzt, um die Kosten und Leistungen innerbetrieblich vergleichbar zu machen. [Buchta et al. 2009, S. 119]

[Heinrich & Lehner 2005, 463] gliedern den Benchmarkingprozess in drei Phasen: Planung der Messung, Durchführungsphase, und das Auswerten der Messergebnisse. Sie fordern dabei von einem Benchmark die folgenden Merkmale:

- *Wiederholbarkeit*: Ein Benchmark soll unter gleichbleibenden Bedingungen immer dieselben Ergebnisse liefern. Bei einem komplexen System kann das jedoch nicht immer gewährleistet werden.

- *Repräsentativität*
- *Einfachheit:* Benchmarking soll kein komplexer, sondern ein möglichst einfacher Prozess sein.
- *Verifizierbarkeit:* Die Ergebnisse aus dem Benchmarking müssen nachvollziehbar und überprüfbar sein.

[Heinrich & Lehner 2005, S. 464]

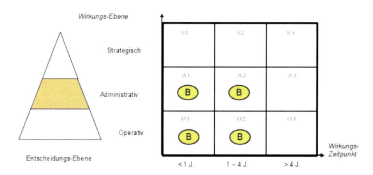

Abbildung 3: Einordnung der Maßnahme Benchmarking

Benchmarking wird von [Heinrich & Lehner 2005] dem administrativen Informationsmanagement zugeordnet. Da Benchmarking sowohl innerhalb einer Abteilung, als auch konzernweit durchgeführt werden kann, wird diese Methode der administrativen Ebene zugeordnet. [Heinrich & Lehner 2005, S. 462 ff.]

Anhand nachfolgender Aufzählungen werden Wirkungszeitraum und Wirkungsebene abgeleitet:

A1: aus den gewonnen Informationen des Benchmarkingprozesses, die richtigen Rückschlüsse ziehen, um die Maßnahmen zeitnah und zügig umzusetzen; Analyse der notwendigen Geschäftsfelder um Benchmarking durchführen zu können; Benchmarking zur Optimierung des IT-Betriebes einsetzen; [Kisslinger-Popp 2010, S. 266 ff.] [Buchta et al. 2009, S. 119]

A2: Controlling aufwändiger (länger andauernder) Benchmarks für größere Projekte (Benchmarking von z. B. IT-Finanzierungsmodellen wie Outsourcing oder Leasing) durchführen; Analyse der notwendigen Geschäftsfelder um Benchmarking durchführen zu können; [Kisslinger-Popp 2010, S. 266 ff.]

O1: termingerechte Lieferung der geforderten Informationen; Daten und Zahlen um z. B. Neuanschaffungen zu tätigen (Benchmarking von Hard- und Softwarekomponenten); [Kisslinger-Popp 2010, S. 266 ff.]

O2: Durchführung von Benchmarks für IT- Projekte oder verschiedenen Dienstleistungen (z. B. Outsourcing Anbieter). [Kisslinger-Popp 2010, S. 266 ff.]

Vorteile	Nachteile
• Stärken und Schwächen können identifiziert und analysiert werden	• eventuell hoher Kostenaufwand, abhängig von Vergleichsobjekten und Vergleichshorizont
• Kosten- und Leistungstransparenz werden verbessert	• begrenztes Lern- bzw. Verbesserungspotential bei internen Benchmarking
• Trends werden früh erkannt	
• Verbesserung bestehender Prozesse	
• Unternehmen kann Position im Vergleich zum Mitbewerber bestimmen	• Übertragbarkeit der Ergebnisse teilweise schwierig bei branchenübergreifenden Benchmarking
• vielseitige Vergleichsmöglichkeiten	

[Kisslinger-Popp 2010, S. 266 ff.] [Buchta et al. 2009, S. 119]

Wechselwirkung zwischen den Maßnahmen

Durch Benchmarking können z. B. anstehende Investitionsmöglichkeiten vergleichbar gemacht und evaluiert werden. Die notwendigen Daten dafür kann beispielsweise das Monitoring liefern [Lassmann 2006, S. 305]. Auch Geschäftsprozesse lassen sich durch den Einsatz von Benchmarking vergleichen und effizienter gestalten [Heinrich & Lehner 2005, S. 462]. Ein weiterer Vorteil von Bechmarking ist die gesteigerte Kosten- und Leistungstransparenz. Das wiederum kann für das IT-Kostenmanagement wertvolle Informationen bedeuten. [Kisslinger-Popp 2010, S. 266 ff.]

3.3.3 *Green IT*

Umweltschutz hat sich in den vergangenen Jahren vom Nischenthema zu einem volkswirtschaftlichen Kernthema entwickelt und wird inzwischen auf unternehmerischer Ebene immer bedeutender. In einigen Branchen hat sich dahingehend ein wahrer Boom entwickelt, allgemein betrachtet spielt Green IT jedoch noch eine untergeordnete Rolle. [Kosch & Wagner 2010, S. 205]

Informationstechnologie ist ein zentraler Bestandteil in fast allen Geschäftsprozessen und dadurch steigt der Energieverbrauch in und durch die IT. In Deutschland verbrauchen Rechenzentren pro Jahr über zehn Milliarden kWh. Künftig wird es notwendig sein, dass Unternehmen sich intensiver mit dem Thema Umweltschutz und Green IT auseinandersetzen, um einen nachhaltigen „grünen" Einsatz der Informationstechnologie zu gewährleisten. [Kosch & Wagner 2010, S. 205]

Heutzutage wird Green IT als Schlagwort häufig verwendet; was hinter dem Begriff steckt, ist dabei vielen nicht bekannt. Bei [Buchta et al. 2009, S. 86 ff.] wird Green IT als ganzheitliches Konzept definiert, dass u. a. durch die konsequente Umsetzung von Energiesparkonzepten, den durch die IT produzierten CO_2 Ausstoß, verringern soll. Dabei ergibt sich für die IT die Chance, die Umweltschutzstrategie des Unternehmens aktiv mitzugestalten und durch IT-unterstützte Innovationen das Kerngeschäft zu stärken. So wird Transparenz geschaffen, die einen Bereich der IT zeigt, der dem Unternehmen Vorteile bringen kann. [Buchta et al. 2009, S. 86 ff.]

Kostenersparnis für das Unternehmen – durch Green IT-Maßnahmen – kann vergleichsweise schnell durch Virtualisierung von Netzwerkkomponenten erzielt werden. Effektive Gebäudetechnik und effiziente Kühllösungen ermöglichen weiteres Einsparungspotential. In der Literatur wird auch Outsourcing als mögliche Maßnahme erwähnt, wenn der Dienstleister energieeffiziente Hardware verwendet. [Buchta et al. 2009, S. 87 ff.] [Kosch & Wagner 2010, S. 209]

Nachhaltigkeit wird laut [Buchta et al. 2009, S. 92] in Zukunft eine immer zentralere Rolle spielen. Durch die ökologische Optimierung der Geschäftsprozesse wird meist eine Kostenreduktion für das Unternehmen erreicht. *„Mit Hilfe der IT können Unternehmen diese Initiativen noch sehr viel besser steuern und kontrollieren. Sie verbessern so ihre Profitabilität und schonen gleichzeitig die Umwelt."* [Buchta et al. 2009, S. 92]

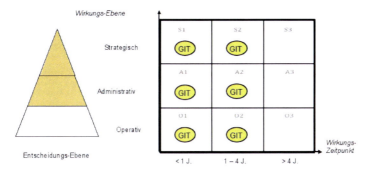

Abbildung 4: Einordnung der Maßnahme Green IT

„Green IT muss ganzheitlich über die Strategie-, Prozess- und Systemebene betrachtet werden, um seinen vollen Nutzen zu entfalten". [Kolbe et al. 2009, S. 13]. Auch [Buchta et al. 2009, S. 90 ff.] definieren Green IT als Konzept, das in der IT-Strategie verankert sein muss

um das Unternehmen zu unterstützen. Des Weiteren werden Maßnahmen wie Virtualisierung angeführt, die auf administrativer Ebene entschieden werden und vergleichsweise schnell realisierbar sind. Daher wird Green IT der strategischen und administrativen Entscheidungsebene zugeordnet.

Anhand nachfolgender Aufzählungen werden Wirkungszeitraum und Wirkungsebene abgeleitet:

S1: Durchführung von größeren baulichen Maßnahmen wie z. B. energieeffizientes Gebäude- und Raummanagement; effizientere Kühltechnik; [Buchta et al. 2009, S. 87 ff.]

S2: Durch die Mitgestaltung der Umweltschutzstrategie kann mittels Green IT eine Nachhaltigkeit für das Unternehmen erreicht werden (Reduktion von Abfall und gefährlichen Substanzen, Steigerung der Energieeffizienz). [Buchta et al. 2009, S. 92] [Kosch & Wagner 2010, S. 205]

A1: Entscheidung über den Einsatz von verschiedenen Virtualisierungstechniken (z. B. Server-Konsolidierung) oder den Kauf von energieeffizienter Hard- und Software. [Buchta et al. 2009, S. 89]

A2: Nachhaltigkeit kann durch eine ökologische Optimierung der Geschäftsprozesse, die meist auch eine Kostenreduktion bedeuten, für das Unternehmen erreicht werden. [Buchta et al. 2009, S. 92]

O1: Schulung der Mitarbeiter um das Energienutzungsverhalten zu verbessern (auch in Bezug auf IT-Komponenten); Power-Management, dass die nicht verwendete IT-Hardware automatisch in den Standby-Modus schaltet, einführen; [Kosch & Wagner 2010, S. 209 ff.]

O2: Reorganisation der IT-Infrastruktur: Einbau von effizienter Kühltechnologie und den Betrieb von „grünen" Endgeräten gewährleisten. [Kosch & Wagner 2010, S. 209 ff.]

Vorteile	**Nachteile**
• Kostenreduktion durch ökologische Optimierung der Geschäftsprozesse	• mitunter lange Amortisierungszeiten
• Image der IT-Abteilung bei Mitarbeitern, Investoren und Kunden wird erhöht	• Um- und/oder Ausbau von Gebäuden oft nur schwer durchführbar
• Nachhaltigkeit wird erreicht	• Schmutz- und Lärmbelästigung während Bautätigkeit
• Reduktion des CO_2-Verbrauch und Reduktion von Abfall	
• Reduktion des Energieverbrauchs	

[Buchta et al. 2009, S. 84 ff.] [Kosch & Wagner 2010, S. 205 ff.]

Wechselwirkungen zwischen den Maßnahmen

Die Maßnahme Green IT interagiert mit verschiedenen anderen Maßnahmen in diesem Buch. [Buchta et al. 2009, S. 91] führen an, dass das Ziel "energieeffizientes Arbeiten" und somit das Konzept der Green IT (gemeinsame Maßnahmenentwicklung mit dem Management) in der IT-Strategie verankert sein muss. Ein wesentlicher Vorteil, die Reduktion des CO_2-Verbrauchs, kann durch die Maßnahme Kommunikationsmanagement realisiert werden, da durch z. B. „virtuelle Auslandseinsätze", viele Flüge vermieden werden können. Auch zur Maßnahme Geschäftsprozesse besteht eine Wechselwirkung, da durch die Umsetzung des Green IT-Konzepts eine ökologische Optimierung der Geschäftsprozesse erfolgen kann. In der Literatur werden als Maßnahmen für die Umsetzung von Green IT unter anderem Virtualisierung und der Kauf energieeffizienter Hardware angeführt. Dadurch kann eine Beziehung zu den Maßnahmen Virtualisierung und Vertragsmanagement identifiziert werden. [Buchta et al. 2009, S. 85 ff.]

3.3.4 Geschäftsprozessmanagement

"Ein Geschäftsprozess besteht aus einer zusammenhängenden abgeschlossenen Folge von Tätigkeiten, die zur Erfüllung einer betrieblichen Aufgabe notwendig sind. Die Tätigkeiten werden von Aufgabenträgern in organisatorischen Einheiten unter Nutzung der benötigten Produktionsfaktoren geleistet. Unterstützt wird die Abwicklung der Geschäftsprozesse durch das Informations- und Kommunikationssystem des Unternehmens." [Staud 2006, S. 9]

Am Beginn des Geschäftsprozessmanagement steht die Identifikation und Strukturierung von Geschäftsprozessen. Dadurch wird geklärt, welche Prozesse im Unternehmen zur Erfüllung der Bedürfnisse interner und externer Kunden benötigt werden. Die Prozesse lassen sich dabei in Kernprozesse, Supportprozesse und Führungsprozesse gliedern. Geschäftsprozessmanagement orientiert sich an der Unternehmensstrategie und leitet daraus alle relevanten markt- und kundenorientierten Prozessstrategien ab. Mittels Geschäftsprozessmanagement kann eine Steigerung des Unternehmenswertes erzielt werden, da die Effektivität und Effizienz im operativen Ablauf gesteigert werden. [Staud 2006] sieht darin eines der Hauptziele im Einsatz von Geschäftsprozessmanagement. [Jobst 2010, S. 63 ff.] [Staud 2006, S. 17]

[Jobst 2010] definiert Geschäftsprozessmanagement als ganzheitliches Konzept, dass sich permanent in einem Entwicklungsprozess befindet. Wesentlich beteiligt an diesem Prozess sind die IT Abteilungen. Diese Interaktion kann zu folgender Problematik führen: *„Durch das starke Engagement der IT und der Informatik wird die technikorientierte Sicht des Prozessmanagement deutlich stärker als die betriebswirtschaftliche Sicht vertreten."* [Jobst 2010, S. 65] Durch die steigende Komplexität im Unternehmen ist ein vernetztes, systemisches Denken zwischen den einzelnen Managementebenen notwendig. Die Ableitung des Geschäftsprozessmanagement aus der Unternehmensstrategie ist deshalb unausweichlich und muss als ausgewogenes Konzept zwischen Technik und Betriebswirtschaft verstanden werden. [Jobst 2010, S.64 ff.]

Ändert sich durch die strategische Ausrichtung des Unternehmens ein Prozess, muss dieser neu definiert bzw. angepasst werden. Das Business Process Reengineering spielt dabei eine zentrale Rolle, das Ziel ist die Neugestaltung bzw. Optimierung der organisatorischen Abläufe im Unternehmen. [Staud 2006, S. 18]

Knappe finanzielle Ressourcen können durch optimierte Prozesse wesentlich gewinnbringender für das Unternehmen eingesetzt werden. Investitionen in die Prozessoptimierung sind in Krisenzeiten gegenüber dem Management eventuell schwer zu argumentieren, können aber einen entscheidenden Wettbewerbsvorteil darstellen. [Schmitz 2009]

Die TU Wien führte eine Umfrage mit 185 Unternehmen aus Österreich, Deutschland und der Schweiz durch. Im Ergebnis zeigte sich, dass 85 % der befragten Unternehmen über Praxiserfahrung im Geschäftsprozessmanagement verfügen. Allerdings integrieren von diesen Unternehmen lediglich 6 % die Unternehmensstrategie und somit die langfristigen Unternehmensziele in das Geschäftsprozessmanagement. 34 % der Unternehmer integrieren die Unternehmensstrategie mehrheitlich und über 50 % noch teilweise. [TU Wien 2006]

Wird Geschäftsprozessmanagement zielgerichtet eingesetzt und funktioniert die unternehmensübergreifende Abwicklung der Geschäftsprozesse, entstehen Wertschöpfungsketten, die durch nachstehende Punkte gekennzeichnet sind:

- enge Verzahnung betrieblicher und zwischenbetrieblicher Leistungsprozesse
- verstärkte elektronische Steuerung der Abläufe unter steigender Einbeziehung interner und externer Informationen
- Infragestellung traditioneller Abläufe und die sich verkürzende Zeitspanne zwischen Leistungsanforderung und Leistungserstellung (Aktion vs. Reaktion)

[Staud 2006, S. 17]

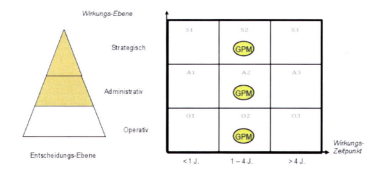

Abbildung 5: Einordnung der Maßnahme Geschäftsprozessmanagement

Geschäftsprozessmanagement wird laut [Jobst 2010, S. 63 ff.] und [Staud 2006, S. 17] der strategischen Entscheidungsebene zugeordnet, da es sich aus Unternehmens- und IT-Strategie ableiten muss. Geschäftsprozessmanagement muss nicht zwingend für alle Unternehmensbereiche parallel durchgeführt werden, es kann auch abteilungsbezogen realisiert werden. Somit erfolgt die Entscheidung zusätzlich auf administrativer Ebene.

Anhand nachfolgender Aufzählungen werden Wirkungszeitraum und Wirkungsebene abgeleitet:

S2: Kostensenkung und Nutzensteigerung durch Optimierung der Geschäftsprozesse (Einsatz von ERP-Systemen). [Buchta et al. 2009, S. 26]

A2: eventuelle Neu- und Umstrukturierungen in der Aufbauorganisation, um die Prozesse sinnvoll gestalten zu können; Arbeitsbereiche werden verändert (Abteilungsänderungen, Arbeitsgruppen, Stabstellen); mittelfristig senken sich durch eine ökologische Optimierung die Kosten und die Nachhaltigkeit wird erhöht; [Staud 2006, S. 7 ff.]

O2: Umsetzung und Kontrolle der Prozesse; durch z. B. Outsourcing müssen einzelne Arbeitsabläufe verändert und optimiert werden; [Staud 2006, S. 7 ff.]

Vorteile	Nachteile
• Erkennung der Kernprozesse und Fokus auf Kernkompetenzen	• eventuelle Neustrukturierung in der Aufbauorganisation
• Erkennung von Kostentreibern	• höherer Kostenaufwand in der Umsetzungsphase
• Produktivitätssteigerung durch Laufzeitoptimierung	
• bessere Unterstützungsmöglichkeit der IT	
• Kostenreduktion	
• positive Veränderung der Unternehmenskultur	
• höhere Mitarbeitermotivation	

[Jobst 2010, S. 63 ff.] [Staud 2006, S. 5 ff.]

Wechselwirkungen zwischen den Maßnahmen

Das Geschäftsprozessmanagement muss als ganzheitlicher Entwicklungsprozess von der Geschäfts- und IT-Strategie abgeleitet werden, um das Ziel „Effizienzsteigerung bzw. Kostenreduktion" der im Unternehmen zu leistenden Tätigkeiten, Aufgaben und Arbeitsabläufe zu erreichen. [Staud 2006, S. 6 ff.] Durch die Maßnahme Green IT kann eine ökologische Optimierung der Geschäftsprozesse im Unternehmen erreicht und dadurch Nachhaltigkeit geschaffen werden.

3.3.5 IT-Kostenmanagement

In vielen Unternehmen steigt der Anteil der IT-Kosten in Relation zu den Gesamtkosten rapide an. Das kann auf die Unterstützung der Informationstechnologie zur Umsetzung einzelner Geschäftsprozesse (z. B. Betrieb von Online-Shops, Online-Auktionen, Dienste der Telekommunikation usw.) zurückgeführt werden. In vielen Unternehmen werden die IT-Kosten jedoch nicht oder falsch erfasst (Verrechnung der IT-Kosten über Gemeinkostenschlüssel) und sind somit nicht bekannt. Eine Planung, Kontrolle und Steuerung der Kosten im Unternehmen ist dann nicht möglich. [Gadatsch & Mayer 2010, S. 193 f.]

Damit das IT-Kostenmanagement konsequent im Unternehmen eingesetzt werden kann, ist eine Verankerung in der Geschäfts- und IT-Strategie notwendig. [Rüter et al. 2010, S. 48] Auch [Gadatsch & Mayer 2010, S. 194 ff.] ordnen dem Kostenmanagement strategische und operative Aufgaben zu. *„Das strategische IT-Kostenmanagement dient der Gestaltung der Kostenstrukturen, der Kostenhöhe und des Kostenverlaufs durch Beeinflussung der IT- und Geschäftsstrategie mit dem Ziel, die IT-Kapazitäten an die Zielsituation anzupassen."* [Gadatsch & Mayer 2010, S. 194]

Durch das operative IT-Kostenmanagement werden die Höhe und der Verlauf der IT-Kosten gesteuert. Maßgebend dafür sind die IT- und Geschäftsstrategien sowie die zur Verfügung stehenden IT-Ressourcen (Hardware, Software, Personal und Dienstleistungen). Die Umwandlung von fixen in variable IT-Kosten wird von vielen Unternehmern als eines der Hauptziele des IT-Kostenmanagements genannt. Dadurch kann eine gewisse Flexibilität erreicht werden, wenn Absatzschwankungen eintreten. [Gadatsch & Mayer 2010, S. 195 ff.]

Oft wird die IT-Abteilung oder der CIO für steigende IT-Kosten verantwortlich gemacht. Als realitätsfremd wird diese Denkweise von [Gadatsch & Mayer 2010] bezeichnet, da IT-Kosten auch durch das Verhalten von Mitarbeitern und deren Entscheidungen in den Fachabteilungen des Unternehmens (Hardware- und Softwarekosten, Supportkosten, usw.) verursacht und in der Höhe beeinflusst werden. [Gadatsch & Mayer 2010, S. 197 ff.]

Durch den Einsatz einer IT-Kosten- und Leistungsrechnung können die durch die Fachabteilungen entstandenen IT-Kosten verursachungsgerecht aufgeteilt werden. Die IT-Abteilung bleibt so nicht auf den Kosten „sitzen" und wird vom Management nicht mehr nur als reiner Kostenfaktor angesehen. In den Fachabteilungen kann durch Kostenmanagement bei den Mitarbeitern ein Kostenbewusstsein geschaffen werden: [Gadatsch & Mayer 2010, S. 200 ff.]

- Welche Kosten entstehen durch eine Dienstleitung der IT-Abteilung für die Fachabteilung? (z. B. Support eines IT-Mitarbeiters in der Fachabteilung)
- Fachabteilungen können Leistungen der IT-Abteilung mit Marktleistungen vergleichen (Benchmarking).
- Das Kostenbewusstsein der einzelnen Fachabteilungen kann dadurch gesteigert werden.

[Gadatsch & Mayer 2010, S. 200 ff.]

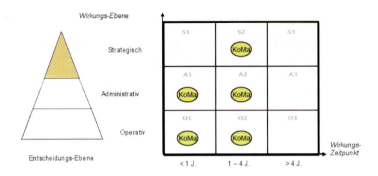

Abbildung 6: Einordnung der Maßnahme IT-Kostenmanagement

[Rüter et al. 2010, S. 48] und [Gadatsch & Mayer 2010, S. 194 ff.] sind überzeugt, dass das IT-Kostenmanagement von der IT- und Geschäftsstrategie abgeleitet werden muss. Daher wird das IT-Kostenmanagement der strategischen Entscheidungsebene zugeordnet.

Anhand nachfolgender Aufzählungen werden Wirkungszeitraum und Wirkungsebene abgeleitet:

S2: Ableitung des IT-Kostenmanagement aus der Geschäftsstrategie und IT-Strategie; Einflussbereiche wie Kostenhöhe, Kostenstruktur und Kostenverlauf werden festgelegt, um dadurch eine verursachungsgerechte Verrechnung zu erreichen; [Gadatsch & Mayer 2010, S. 194]

A1: Anpassung der IT-Kapazitäten an die Zielsituation (IT-Strategie); Erhöhung der IT-Kostentransparenz durch Umsetzung des IT-Kostenmanagement; Vermeidung von Überstundenzuschlägen für das IT-Personal [Gadatsch & Mayer 2010, S. 195 ff.]; versteckte IT-Kosten durch IT-Kostenmanagement sichtbar machen; [Buchta et al. 2009, S. 191]

A2: Das IT-Kostenmanagement liefert Daten für die Grundlage von Entscheidungen wie z. B. Leasing von Hardware und Software, den Ersatz von IT-Angestellten durch externe Berater oder das Outsourcing von IT-Prozessen. [Gadatsch & Mayer 2010, S. 196 f.]

O1: Benchmarking der IT-Lieferanten; Einsatz günstiger Gebraucht-Lizenzen für Software; Reduzierung der indirekten IT-Kosten durch verbesserte Anwenderschulungen; [Gadatsch & Mayer 2010, S. 195 ff.]

O2: Reduzierung bzw. Minimierung von Software-Lizenzen durch den Einsatz eines IT-Assetmangementsystems; Anpassung der Infrastruktur an aktuelle Standards (Hardware- Netzwerkkomponenten) kann durch IT-Kostenmanagement mittelfristig erreicht werden; [Gadatsch & Mayer 2010, S. 195]

Vorteile	Nachteile
• steigert die Kosten- und Leistungstransparenz für Anwender und Management	• hoher Arbeitsaufwand bei der Umsetzung von IT-Kostenmanagement
• Kostenbewusstsein wird gesteigert	
• „versteckte" IT-Kosten können identifiziert werden	
• Grundlage für Benchmarking und Outsourcing-Entscheidungen	
• verbessert die Leitungs- und Kostenstrukturen der IT-Abteilung	

[Gadatsch & Mayer 2010, S. 201 f.]

Wechselwirkungen zwischen den Maßnahmen

IT-Kosten können durch den Betrieb von Online-Shops oder der Nutzung von Telekommunikationsdiensten prozentual einen wesentlichen Anteil an den Prozesskosten erreichen. Durch eine Optimierung der Geschäftsprozesse und dem Einsatz von IT-Kostenmanagement können diese Kosten reduziert bzw. direkt der IT-Abteilung zugeordnet werden. [Gadatsch & Mayer 2010, S. 192] Das IT-Kostenmanagement beeinflusst auch die Maßnahme IT-Personalmanagement, da die Daten des Kostenmanagement als Grundlage für Personalentscheidungen herangezogen werden können (z. B. Ersatz von IT-Angestellten durch externe Berater). Die indirekten IT-Kosten können durch gezielte Anwenderschulungen reduziert werden. Die Planung und Durchführung dieser Schulungen erfolgt durch das IT-Personalmanagement. [Gadatsch & Mayer 2010, S. 195 ff.]

3.3.6 Kommunikationsmanagement

„Kommunikationsmanagement beschreibt die Entwicklung, Gestaltung und Lenkung aller internen und externen Kommunikationsbeziehungen (Communications Relations) und Kommunikationsinstrumente (Communications Programs) der Unternehmung als Ganzes mit seinen Anspruchsgruppen (Ziel- und Zwischenzielgruppen)." [Will et al. 2007, S. 24]

Durch den Einsatz von „Remote Services" in einem Collaboration-Netzwerk (effiziente Vernetzung von verschiedenen Kommunikationsmöglichkeiten), wird die traditionelle Abwicklung von Projektgeschäften zwischen Auftraggeber und Kunde mehr und mehr aufgehoben. Die tatsächliche Präsenz der Mitarbeiter beim Kunden ist nicht mehr zwingend notwendig. Von [Holtbrügge & Schillo 2009] wird diese Art von System als „virtueller Auslandseinsatz" bezeichnet. Die Unternehmen können international agieren, ohne die eigenen Mitarbeiter beim Kunden vor Ort einsetzen zu müssen. [Holtbrügge & Schillo 2009, S. 161 ff.]

Die Projektmitglieder können so ihre Aufgaben wahrnehmen, ohne das gewohnte betriebliche Umfeld verlassen zu müssen. In der Literatur wird das neben der Kosten- und Zeitersparnis als einer der zentralsten Vorteile eines Collaboration-Netzwerkes bezeichnet. Traditionelle Auslandsreisen bedeuten für viele Mitarbeiter große psychische und physische Belastungen, da diese mit Reisetätigkeit und der Trennung von der Familie verbunden sind. Durch die Möglichkeiten eines effizienten Kommunikationsmanagementsystems existiert dieser wesentliche Nachteil nicht mehr. [Holtbrügge & Schillo 2009, S. 165] [Polycom 2009 S. 2 ff.]

Eine Studie der Firma Polycom (weltweit in 32 Ländern tätig) hat ergeben, dass die Reisekosten durch vernetzte Kommunikationsmöglichkeiten (Projektportale, IP-Telefonie, Videokonferenzsysteme, file-sharing, usw.) um bis zu 35 % gesenkt wurden. Auch die Produktivität der Mitarbeiter konnte gesteigert werden, da durch videobasierte Meetings und Schulungen bis zu 8.300 Stunden an Reisezeit eingespart werden konnte. [Polycom 2009, S. 2 ff.]

Der erschwerte Transfer von implizitem Wissen, der durch die Reduktion der persönlichen Kommunikation entstehen kann, wird von vielen Mitarbeitern jedoch als wesentlicher Nachteil angeführt. [Holtebrügge & Schilo 2009, S. 164 f.]

In [Polycom 2009] und [Holtbrügge & Schillo 2009] werden bestimmte Voraussetzungen für den erfolgreichen Einsatz eines Kommunikationsmanagementsystems angeführt:

- Kultur der Zusammenarbeit: Die Interaktionspartner müssen motiviert werden, die zur Verfügung gestellte Kommunikationstechnologien entsprechend zu nutzen. Für einen erfolgreichen Einsatz müssen die Teilnehmer gründlich in der verwendeten Technik eingeführt bzw. geschult werden. Hohe soziale Kompetenz ist notwendig, da die Kommunikation zwischen den Interaktionspartner nicht persönlich stattfindet. Je größer die kulturelle Distanz zwischen den Kommunikationsparten ist, desto höher ist die Gefahr von Fehlinterpretationen. Dadurch kann es auch zum Vertrauensverlust zwischen den Interaktionspartnern kommen.

- Policies für Home-Office: Wie bereits angeführt, können Unternehmen durch „virtuelle Mitarbeiter", z. B. Home-Office, ihre Kosten senken. Die Erwartungen und Anforderungen an diese Mitarbeiter müssen klar formulieren werden. Zusätzlich sind die Mitarbeiter mit der erforderlichen Hard- und Software auszustatten. Nicht jeder Mitarbeiter ist für „Heimarbeit" geeignet, da z. B. die fehlende Motivation durch einen Vorgesetzten negative Auswirkung haben kann.

- Netzwerkinfrastruktur: Für den erfolgreichen Betrieb eines Collarboration-Netzwerkes muss die vorhandene Netzwerkinfrastruktur (Hardware, Bandbreite usw.) überprüft und an die erforderlichen Anforderungen angepasst werden.

[Polycom 2009, S. 7] [Holtbrügge & Schillo 2009, S. 166 ff.]

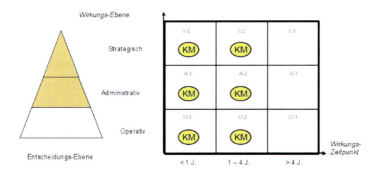

Abbildung 7: Einordnung der Maßnahme Kommunikationsmanagement

Der Einsatz von Kommunikationsmanagementmaßnahmen hat weitreichende Auswirkungen auf beinahe alle Unternehmensbereiche und muss daher strategisch abgeleitet werden. Da vor allem die Mitarbeiter der verschiedenen Abteilungen betroffen sind, müssen auch administrative Entscheidungen getroffen werden. Die Einordnung der Maßnahme erfolgt daher auf strategischer und administrativer Entscheidungsebene. [Holtbrügge & Schillo 2009, S. 162 ff.]

Anhand nachfolgender Aufzählungen werden Wirkungszeitraum und Wirkungsebene abgeleitet:

S1: Kommunikationsstrategie für das Unternehmen aus der Geschäfts- und IT-Strategie ableiten.

S2: Review der eingesetzte Kommunikationsstrategie und eventuelle Anpassung der Kommunikationsmanagementlösungen. [Holtbrügge & Schillo 2009, S. 162 ff.]

A1: Einsatzmöglichkeiten des Kommunikationsmanagementsystems für die Abteilungen festlegen (z. B. virtuelle Organisationen, virtueller Auslandseinsatz, Videokonferenzen usw.); Regeldefinition für Heimarbeiter; Kultur der Zusammenarbeit definieren; [Holtbrügge & Schillo 2009, S. 163 ff.] [Polycom 2009, S. 7]

A2: Review des Kommunikationskonzeptes, Ausbau zum Projektmanagementportal (Wiki, zentraler Datenzugriff., Web 2.0 Lösungen)

O1: Maßnahmen, die zur Installation des Kommunikationsmanagementsystem erforderlich sind, zeitnah umsetzen (notwendige Infrastruktur implementieren, Schulungen abhalten, usw.).

O2: Umsetzung, von in der administrativen mittelfristigen Ebene beschlossenen Maßnahmen. (Projektmanagementportal, Wiki, Web 2.0 Lösungen)

Vorteile	Nachteile
• Kostenreduktion (z. B. Reise- und Telefonkosten) • Produktivitätssteigerung • Zeitersparnis • Umweltgedanke • Reduktion von physischer und psychischer Belastung, da keine Trennung von Familie und sozialem Umfeld	• Verlust von sozialen Kompetenzen (z. B. Vertrauen, Fehlinterpretationen, usw.) • Transfer von implizitem Wissen wird erschwert • Motivationsschere zwischen technisch unterschiedlich versierten Mitarbeitern

[Holtbrügge & Schillo 2009, S. 163 ff.] [Polycom 2009, S. 2 ff.]

Wechselwirkungen zwischen den Maßnahmen

Für den Einsatz von Kommunikationsmanagementmaßnahmen muss eine geeignete IT-Infrastruktur im Unternehmen vorhanden sein. Die Wechselwirkung zur IT-Strategie ist gegeben, da das Kommunikationsmanagement von der IT-Strategie abgeleitet werden muss. [Holtbrügge & Schillo 2009, S. 162 ff.] Durch die effiziente Nutzung moderner Kommunikationstechnologien können Unternehmen, neben der Kostenersparnis, zum Umweltschutz beitragen. Die Maßnahme Green IT wird dadurch positiv beeinflusst, da durch die Nutzung von z. B. Videokonferenztechnologien viele Flugstunden eingespart werden können. Dadurch ist eine beträchtliche Reduktion des CO_2-Ausstoßes möglich. [Holtbrügge & Schillo 2009, S. 161 ff.]

3.3.7 Monitoring

"Als Monitoring wird die Leistungsmessung und die Beobachtung des zeitlichen Ablaufgeschehens (Ablaufbeobachtung) in Computersystemen (Hardware-/Software-Konfiguration) bezeichnet." [Heinrich & Lehner 2005, S. 532]

Die Wirtschaftlichkeit und Produktivität eines Unternehmens hängt direkt von der Zuverlässigkeit und Funktionsfähigkeit seiner IT-Infrastruktur ab. Engpässe oder Ausfälle einzelner Hardwarekomponenten des Netzwerkes können die wirtschaftlichen Ziele bedrohen und verursachen hohe Kosten für das Unternehmen. Durch Monitoring kann die IT-Abteilung die Performance und die Stabilität des eigenen Netzwerks (Hard- und Software) überwachen und rasch auf eintretende Ereignisse reagieren. Mit Hilfe von Software-, Hardware- und Netzwerküberwachungstools kann die Verfügbarkeit von Netzwerkkomponenten überwacht bzw. die Bandbreitennutzung und der Datenstrom gemessen und analysiert werden. [NetzMon 2009] [Paessler 2011]

Durch diese Verfügbarkeitsprüfung kann sichergestellt werden, dass alle internen und externen Mitarbeiter jederzeit Zugriff auf alle benötigten Dienste und Daten im Netzwerk haben. Mit Hilfe von Monitoring kann sichergestellt werden, dass kritische Systemkomponenten wie Firewall, wichtige Router und Switch oder Backupsysteme permanent überwacht und Fehler rasch behoben werden können. [NetzMon 2009]

Der gesamte Datentransfer im Unternehmen kann rund um die Uhr vom Monitor aufgezeichnet und entsprechend analysiert werden. Drohende Engpässe können so identifiziert und behoben werden. [NetzMon 2009] Eine inakzeptable Geschwindigkeit verschiedener Systemkomponenten kann auch die Ursache von überlasteten Servern sein. Durch Kontrolle der Prozessorlast, des verfügbaren Speichers und der freien Festplattenkapazität mittels Hardwaremonitoring kann das verhindert werden. Überlastete Server können unter anderem Performanceprobleme im Warenwirtschaftssystem verursachen, das wiederum einen Wettbewerbsnachteil für das Unternehmen bedeuten kann. [NetzMon 2009]

Die Systemüberwachung mittels Hard- und Netzwerkmonitoring reduziert im Unternehmen Kosten, da drohende Ausfälle und Engpässe rechtzeitig erkannt und verhindert werden können. Zudem wird die Akzeptanz der Benutzer gesteigert, da Bandbreiten- und Serverprobleme auf ein Minimum reduziert werden. Wird seitens des IT-Managements das Thema Monitoring gänzlich vernachlässigt, verliert die IT auf Dauer die Akzeptanz der Mitarbeiter. Denn nichts ärgert einen Mitarbeiter mehr, als wenn seine Arbeit durch Performanceprobleme massiv beeinträchtigt wird. [NetzMon 2009] [Paessler 2011]

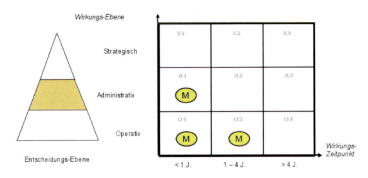

Abbildung 8: Einordnung der Maßnahme Monitoring

Da [Heinrich & Lehner 2005] die Aufgaben und Tätigkeiten des Monitoring der operativen Ebene zuordnen, wird die Entscheidung über diese Maßnahme der übergeordneten, administrativen Entscheidungsebene zugeordnet. [Heinrich & Lehner 2005, S. 532 ff.]

Anhand nachfolgender Aufzählungen werden Wirkungszeitraum und Wirkungsebene abgeleitet:

A1: Definition von Indikatoren und Vergleichswerten zur Überprüfung; weiterführende Entscheidungen (z. B. Anschaffung neuer Server) aufgrund qualitativ gewonnener Daten (z. B. Datentransfer Netzwerk) werden kurzfristig getroffen;

O1: unterstützende Funktion in der Hardware- und Softwareoptimierung (um Lastspitzen entgegenzuwirken, Release-, Updateentscheidungen); unterstützende Funktion in der Fehlersuche; [Heinrich & Lehner 2005, S. 532]

O2: unterstützende Funktion beim Systementwurf [Heinrich & Lehner 2005, S. 532]; Datenaufzeichnung und Analyse für einen möglichen Plattformwechsel im Hard- und Softwarebereich (längere Datenerhebungszeitraum notwendig, da diese Entscheidung großen Einfluss auf das operative Tagesgeschäft hat);

Vorteile

- Entscheidungen können aufgrund der Datenanalyse begründet werden (gesteigerte Akzeptanz)
- Kostenersparnis durch Vermeidung von Engpässen, Ausfällen und Überkapazitäten
- Transparenz des eigene Systems

[NetzMon 2009]

Nachteile

- Abhängigkeit („blindes Vertrauen" auf gewonnene Daten)
- Zeit-/Kostenaufwand für den laufenden Betrieb und Auswertung
- eventuelle Datenschutzbedenken in gewissen Bereichen des Monitoring (personenbezogene Datenerhebung)

Wechselwirkung zwischen den Maßnahmen

Die Maßnahme Monitoring kann mit den Maßnahmen Kommunikationsmanagement und Benchmarking in Wechselbeziehung stehen, da die Informationen des Monitoring als Entscheidungsgrundlage dienen können. Durch die Informationen aus dem Monitoring kann die IT-Infrastruktur gezielt auf die Anforderungen eines Collarboration-Netzwerkes abgestimmt werden [Holtbrügge & Schillo 2009, S. 166 ff.]. Die Maßnahme Sicherheitsmanagement interagiert mit dem Montioring, da sicherheitskritische Vorgänge (z. B. Ausfall eines Router oder Firewall, Datenmanipulation oder Sabotage der IT-Infrastruktur) rechtzeitig erkannt und verhindert werden können [Heitmann 2007, S. 9].

3.3.8 IT-Personalmanagement

„Personalmanagement ist der Teil des Informationsmanagement, der die Führungsaufgaben der betrieblichen Funktion Personalwirtschaft für das Personal umfasst, dem die Aufgaben der Planung, Überwachung und Steuerung der Informationsinfrastruktur übertragen sind." [Heinrich & Stelzer, 2009, S. 246]

[Iron & Schmidt-Schröder 2006] bezeichnen Human Capital Management *„ ... mehr als ein Synonym für modernes Personalmanagement: Der Begriff Humankapital macht deutlich, welchen Wert das Personal eigentlich für ein Unternehmen hat ..."* [Iron & Schmidt-Schröder 2006, S. 29]

Die Personal- und IT-Abteilungen werden in den Unternehmen oft als reine Kostenfaktoren betrachtet. Begrenzte budgetäre Mittel veranlassen in wirtschaftlich schwierigen Zeiten das Management dazu, zuerst in diesen Bereichen zu sparen. *„Der Mensch mit seinem Wissen und seinen Fähigkeiten und Fertigkeiten ist entscheidend für die Sicherung der Wettbewerbsfähigkeit und somit kritischer Erfolgsfaktor für das Erreichen der Unternehmensziele."* [Iron & Schmidt-Schröder 2006, S. 30]. Knappe finanzielle Ressourcen können jedoch als Chance betrachtet werden, da der Kostendruck eine Optimierung bzw. Neueinrichtung im Personalmanagement notwendig macht. Die Ableitung aus der Unternehmensstrategie und die Ausrichtung an den Marktbereichen des Unternehmens spielt dabei eine zentrale Rolle. [Iron & Schmidt-Schröder 2006, S. 30 f.]

Auch [Fischer 2010] betont die Ausrichtung der Personalstrategie an den Unternehmenszielen und der Geschäfts- und IT-Strategie um Nachhaltigkeit zu schaffen. *„Die Auseinandersetzung mit Personalthemen im obersten Managementkreis muss gleichzeitig als wesentlicher Erfolgsfaktor benannt werden."* [Fischer 2010, S. 178]. Neben der strategischen Ausrichtung ist eine

Verknüpfung mit den administrativen Zielen (z. B. denen eines Abteilungsleiters) notwendig, damit die künftige Personalstrategie, die gewünschte Akzeptanz im Unternehmen erhält [Fischer 2010, S. 178-181].

Die Personalplanung und -entwicklung ist ein wichtiger Aufgabenbereich im Personalmanagement. Durch Mitarbeiterkündigungen kann das Unternehmen zwar kurzfristig Kosten reduzieren, der damit verbundene Know-how-Verlust führt jedoch zu einem wesentlichen Nachteil. Personelle Veränderungen in der IT-Abteilung dürfen nicht nur nach Kennzahlen und unternehmerischer Auftragslage vorgenommen werden, da diese Mitarbeiter über ein hohes Know-how und Spezialwissen verfügen. [Benz 2009]

Mittel- bis langfristig betrachtet wird es zu einem Mangel an hoch qualifizierten IT-Fachleuten am Arbeitsmarkt kommen. [Haas 2009] begründet diese Thematik durch die zunehmende Technologiedurchdringung in den Unternehmen und er warnt außerdem die Entscheidungsträger, unüberlegt IT-Mitarbeiter zu entlassen. *„Denn es ist durchaus möglich, dass diese im nächsten Aufschwung nicht wieder ersetzt werden können und im Zuge von Abbaumaßnahmen die guten Leute gleich mitgehen."* [Haas 2009, S. 45]

Ein weiteres Ziel für das Personalmanagement stellt ein harmonisches Betriebsklima und die Mitarbeitermotivation dar, *„ ... denn gerade im stark zunehmenden Dienstleistungsdenken wird branchenübergreifend deutlich, dass die Stimmung in einem Unternehmen zu einem der wichtigsten Unterscheidungsmerkmale wird. Der Kundenanspruch wird immer größer und nur durch begeisterte und motivierte Mitarbeiter können in Zukunft auch Kunden dementsprechend begeistert und motiviert werden. Dies ist eine große Herausforderung an die Führung eines Unternehmens, gerade in Zeiten schwindender Motivation und steigender Frustration."* [Fournier 2004]

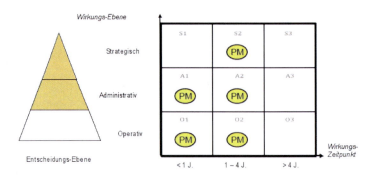

Abbildung 9: Einordnung der Maßnahme IT-Personalmanagement

Im IT-Personalmanagement ist die Ausrichtung an den Unternehmenszielen und an der Unternehmens- und IT-Strategie notwendig. Bei der Implementierung ist eine Kooperation mit den Abteilungsleitern der Fachabteilungen notwendig, um die gewünschte Akzeptanz sicherzustellen. Daher wird das IT-Personalmanagement der strategischen und administrativen Entscheidungsebene zugeordnet. [Fischer 2010, S. 178 ff.]

Anhand nachfolgender Aufzählungen werden Wirkungszeitraum und Wirkungsebene abgeleitet:

S2: Budget- und Kostenplanung, Entwicklung von Strategien, Ableitung der strategischen Personalziele für die Abteilungen im Unternehmen [Fischer 2010, S. 1181]

A1: HR-Analyse durchführen und Erfolgsfaktoren identifizieren; Personalbedarfsplanung durchführen und umsetzten; Personalbetreuung und -führung zur Harmonisierung arbeitsteiliger Prozesse (Stellenausschreibungen, Ressourcenverteilung); [Iron & Schmidt-Schröder 2006, S. 36 ff.]

A2: Standardisierung von HR-Prozessen in Verbindung mit Geschäftsprozessen; Personalerfolgscontrolling; Effizienzsteigerung in der Personalabrechnung; [Iron & Schmidt-Schröder 2006, S. 37]

O1: Stellenbeschreibungen für alle Mitarbeiter erstellen; Urlaubsplanung und Ressourcenplanung (z. B. für Schulungsmaßnahmen) durchführen; Mitarbeiterbefragungen durchführen; betriebliches Vorschlagswesen umsetzen;

O2: Teamentwicklung (Projektarbeit), längerfristige Personalbedarfsplanung, Karenz- und Familienplanung (Betriebskindergarten), Potential der Mitarbeiter und Bewerber erkennen und bestmöglich fördern

Vorteile	**Nachteile**
• effizientere und zufriedenere Mitarbeiter (Reduktion von Krankenständen)	• Zeit-/Kostenfaktor (z. B. durch Schulungstätigkeiten)
• Motivation der Mitarbeiter steigt durch Schulungsmaßnahmen und gezielten Einsatz ihrer Fertigkeiten	• Wissensabgang und eventueller Imageverlust bei Personalfreisetzung

[Fournier 2009]

Wechselwirkungen zwischen den Maßnahmen

Um Geschäftsprozesse zu optimieren ist die Betrachtung der HR-Leistungsprozesse notwendig. Damit das Personalmanagement das Humankapital bewertbar und steuerbar machen kann, ist eine Orientierung an das Geschäftsprozessmanagement notwendig. [Iron & Schmidt-Schröder 2006, S. 38] identifizieren dadurch eine Interaktion der Maßnahmen Personalmanagement und Geschäftsprozessmanagement. Zum quantitativen Vergleich der HR-Leistungsprozesse bietet sich die Maßnahme Benchmarking an. Durch diesen Prozess kann die Leistungsfähigkeit der HR-Prozesse in der Praxis beurteilt werden [Iron & Schmidt-Schröder 2006, S. 38]. Mit der Maßnahme IT-Kostenmanagement besteht eine Wechselwirkung, da durch diese Informationen nachvollziehbare Personalentscheidungen in der IT-Abteilung getroffen werden können [Gadatsch & Mayer 2010, S. 195 ff.].

3.3.9 Service-Level-Agreements

Immer mehr Unternehmen nutzen die Möglichkeit des Outsourcings und übergeben betriebliche Aufgaben und Tätigkeiten an betriebsfremde Dienstleistungs- und Serviceanbieter. Um eine reibungslose Geschäftsbeziehung zwischen Dienstleistungsgeber und Dienstleistungsnehmer zu gewährleisten, sind rechtliche und vertragliche Rahmenbedingungen eine Notwendigkeit. Mittels Service-Level-Agreements (SLAs) werden die definierte Leistungs- und Qualitätsansprüche vertraglich garantiert. [Mayerl et al. 2005, S. 271]

SLAs stellen für den Dienstleistungsnehmer sicher, dass Dienste und Leistungen in der vereinbarten Qualität und Güte zur Verfügung gestellt bzw. ausgeführt werden. Gleichzeitig schützen sie den IT-Dienstleister vor ungerechtfertigten Schadensersatzansprüchen. Damit SLAs diese Ansprüche erfüllen können, ist ein strukturiertes Vorgehen notwendig. Die qualitativ messbaren Kriterien auf denen SLAs aufgebaut werden, spielen dabei eine wesentliche Rolle. [Mayerl et al. 2005, S. 272]

Fehlt beim Abschluss von SLAs ein methodisches Vorgehen, kann es im Streitfall zu Problemen zwischen den Vertragspartnern kommen, da Rahmenbedingungen eventuell nicht zur Gänze festgelegt wurden. [Mayerl et al. 2005, S. 272 ff.] empfiehlt den Einsatz der Service-Design-Methode als kooperativen Prozess zwischen den Vertragsparteien, um Probleme im Vertragsdesign rechtzeitig zu erkennen. SLAs sollten niemals ausschließlich mündlich besprochen, sondern immer schriftlich fixiert werden. So kann sichergestellt werden, dass alle Beteiligten den wesentlichen Vertragsgegenstand kennen und auch verstanden haben. [Lewandowski & Mann 2011, S. 5]

Die Service-Design-Methode sieht eine detaillierte Beschreibung aller relevanten Services vor, die als Grundlage für die SLA-Verhandlungen verwendet werden. Folgende Kriterien muss ein Service dabei erfüllen: Realisierbarkeit, Berechenbarkeit und Überwachung. [Mayerl et al. 2005, S. 274]

Service-Level-Agreements werden auch betriebsintern eingesetzt, um die eigenen Leistungen darzulegen. Dadurch wird z. B. der Nutzen einer Abteilung (z. B. IT-Abteilung) transparent, da klar definiert ist, welche Aufgaben der Vertragspartner im Unternehmen erfüllt. Diese Transparenz kann bei den Anwendern zu einem breiten Leistungsverständnis führen und dadurch den Wert der IT-Abteilung für das Unternehmen vermitteln. Kostentreiber in einer Abteilung, z. B. hohe Druckkosten eines Mitarbeiters, können identifiziert und die Mitarbeiter auf ein ressourcenschonendes Verhalten sensibilisiert werden. [Lewandowski & Mann 2011, S. 6]

Als mögliche Alternativen zu Service-Level-Agreements sehen [Lewandowski & Mann 2011] die Kundenzufriedenheitsumfrage, Benchmarking oder den Balanced-Scorecard Ansatz. In der Praxis wird aber nur der Einsatz von SLAs langfristig den gewünschten Erfolg bringen. [Lewandowski & Mann 2011, S. 9]

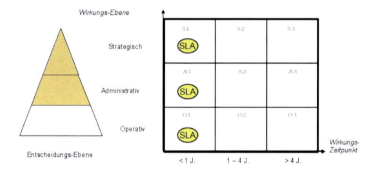

Abbildung 10: Einordnung der Maßnahme Service-Level-Agreement

Die Identifikation von Service-Level-Prozessen kann zu einer Umstrukturierung im Unternehmensprozess führen. Der Einsatz von SLAs ist ein Managementprozess und wird der strategischen Ebene zugeordnet [Lewandowski & Mann 2011, S. 1]. Die Service-Level-Parameter werden bei internen und externen Service-Level-Agreements von einem Entscheidungsträger der betroffenen Abteilung definiert. SLAs werden dadurch auch der administrativen Entscheidungsebene zugeordnet. [Mayerl et al. 2005, S. 272 ff.]

Anhand nachfolgender Aufzählungen werden Wirkungszeitraum und Wirkungsebene abgeleitet:

S1: Externe Dienstleistungen (z. B. Outsourcing) sind nur schwer und unter hohem Aufwand wieder in das Unternehmen zu integrieren, daher liegt die Entscheidung und Verhandlung dieser SLAs auf strategischer Ebene. [Heitmann 2007, S. 53]

A1: SLAs werden mit dem Dienstleistungsgeber verhandelt und detailliert festgelegt; damit alle vertraglichen Bestandteile und Verantwortlichkeiten geklärt sind, sollte man für die Formulierung der SLAs einen größeren Zeitrahmen festlegen [Heitmann 2007, S. 53]; Einsatz der Service-Design-Methode um standardisierte Service-Beschreibungen für das Unternehmen zu erreichen; [Mayerl et al. 2005, S. 274]

O1: Kontrolle und Report, der vereinbarten Service-Level; Adaption der bestehenden SLAs an veränderte Rahmenbedingungen; [Heitmann 2007, S. 53]

Vorteile
- Abgrenzung des Leistungsumfangs
- Optimierung der Ressourcen- und Kostenplanung
- Kontrolle von Leistung und Qualität
- vertragliche Definition von Pönalzahlungen

Nachteile
- Definition von SLAs ist zeit- und ressourcenaufwändig
- erhöhter Aufwand durch die Kontrolle der vereinbarten Vertragsinhalte
- wechselnde Rahmenbedingungen müssen erkannt und geändert werden

[Mayerl et al. 2005, S. 272 ff.]

Wechselwirkungen zwischen den Maßnahmen

Durch interne SLAs zwischen z. B. der IT-Abteilung und den Fachbereichsabteilungen können Kostentreiber identifiziert und die Akzeptanz der Informationstechnologie erhöht werden. Durch die Identifikation von versteckten Kosten kann eine Wechselwirkung zum IT-Kostenmanagement abgeleitet werden [Lewandowski & Mann 2011, S. 6]. Da die Service-Level-Vereinbarungen eine Grundlage für das Vertragsmanagement bilden, ist eine Wechselwirkung zwischen den beiden Maßnahmen identifiziert [Heitmann 2007, S. 53]. SLAs und Benchmarking bilden die Grundlage für die Bewertung der IT-Services, ermöglichen so eine Qualitätssteigerung sowie die Ausrichtung der IT-Leistungen auf ein gemeinsames Ziel

(Unternehmens- und IT-Strategie). Dadurch kann die Wechselwirkung mit der IT-Strategie abgeleitet werden. [Guenther 2010, S. 139]

3.3.10 IT-Sicherheitsmanagement

"Die Durchdringung der Unternehmen mit I&K-Technologien und der Einsatz umfassender, nahezu alle Aufgaben der Informationsfunktion unterstützender Informationssysteme hat dazu geführt, dass die Funktions- und Leistungsfähigkeit der meisten Unternehmen, im Grenzfall ihr Überleben im Markt, von der Sicherheit der Informationsinfrastruktur abhängt." [Heinrich & Lehner 2005, S. 259]

Werden im Unternehmen Leistungserstellungsprozesse mittels Informationstechnologien erbracht, sind diese immer einer Sicherheitsproblematik unterworfen. Der Einsatz von Kommunikationstechniken über öffentliche Netzwerke birgt Gefahren, wie Datenmanipulation, Spionage, oder Sabotage von Informationen bzw. der gesamten Informationsinfrastruktur. [Heitmann 2007, S. 9]

IT-Sicherheitsmanagement beschreibt die planmäßige Entwicklung, Überwachung und Einhaltung der festgelegten Sicherheitsbestimmungen um Schaden am Unternehmen zu vermeiden [Heinrich & Lehner 2005, S. 259]. Um Bedrohungen zu identifizieren und um geeigneten Gegenmaßnahmen zu treffen, ist eine vorher durchgeführte Risikoanalyse notwendig. [Heitmann 2007, S. 18 ff.]

Die Implementierung eines Sicherheitsmanagementprozess besteht aus den Phasen Identifikation, Analyse, Steuerung und Überwachung. In der Analysephase werden identifizierte Bedrohungen untersucht, um das Gefahrenpotential für das Unternehmen zu ermitteln. In der Steuerungsphase werden Maßnahmen zur Abwehr bzw. zur Minimierung von Risiken umgesetzt, die Risikoüberwachung dient einer ständigen Überprüfung erkannter Bedrohungen. [Heitmann 2007, S. 20]

Eine gezielte Abstimmung aller getroffen Maßnahmen ist laut [Heinrich & Lehner 2005, S 262] notwendig, um die gesetzten Sicherheitsziele zu erreichen. Bei erfolgreicher Umsetzung erzielt das Unternehmen durch IT-Sicherheit folgende Nutzen: Reduzierung von Schäden und deren Kosten, Imagegewinn, gesteigerte Wirtschaftlichkeit und ein kontinuierlicher Informationsfluss. Das Verhältnis zwischen Kosten und Nutzen der IT-Sicherheit ist ein wesentlicher Bestandteil des Sicherheitsmanagement, denn oft werden Maßnahmen zu Steigerung der IT-Sicherheit als reiner Kostenfaktor wahrgenommen. Dabei wird vergessen, dass Bedrohungen und Gefahren, wie der Verlust von Vertraulichkeit, Verfügbarkeit oder Integrität, massive wirtschaftliche Nachteile bedeuten können. Ziel des IT-Sicherheitsmanagement ist ein angemessenes Sicherheitsniveau mit den verfügbaren finanziellen Mitteln zu erreichen. [Heitmann 2007, S. 27 ff.]

In wirtschaftlich turbulenten Zeiten setzt das Management zu schnell den Rotstift beim IT-Budget an. Davon betroffen sind meist Maßnahmen im IT-Sicherheitsmanagement. Die Forderungen nach Open-Source-Lösungen werden lauter, die daraus resultierenden Sicherheitsrisiken übersehen oder absichtlich ignoriert. Fehlentscheidungen können sehr oft zu einer instabilen Sicherheitslage führen, die dann die gesamte IT-Infrastruktur bedrohen. [Open-Source 2009]

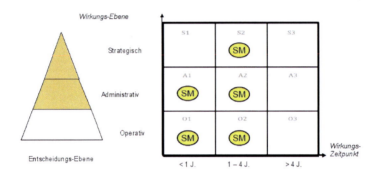

Abbildung 11: Einordnung der Maßnahme IT-Sicherheitsmanagement

IT-Sicherheitsmanagement muss im Unternehmen ganzheitlich betrachtet werden, technische und wirtschaftliche Aspekte müssen aufeinander abgestimmt sein [Heitmann 2007, S. 81].

Durch nachfolgende Aufzählungen werden Wirkungszeitraum und Wirkungsebene anhand von Beispielen abgeleitet:

S2: Sicherheitsziele werden von der IT-Strategie abgeleitet und spätestens alle vier Jahre angepasst – strategische Maßnahmen wirken daher mittelfristig. [Heinrich & Lehner 2005, S. 259]

A1: Durchführung einer Risikoanalyse um alle Schwachstellen und Bedrohungen zu identifizieren (Risikovermeidung, Risikoreduktion, Risikoakzeptanz); personelle Entscheidungen (z. B. Brandschutzbeauftragter, Sicherheitsbeauftragter, Datenschutzbeauftragter); Abstimmung der geplanten Sicherheitsmaßnahmen, um die Sicherheitsziele effektiv umzusetzen; Planung und Erstellung von verschiedenen Policies (z. B. Datenschutzpolicies, Open-Door-Policy) sind Tätigkeiten, die kurzfristig wirken; [Heitmann 2007, S. 18 ff.]

A2: Implementierung und Kontrolle des Sicherheitskonzept im Unternehmen (z. B. IT-Grundschutzhandbuch, ITIL); technische und organisatorische Aspekte aufeinander abstimmen (ganzheitlicher Unternehmensprozess); Umsetzung und Kontrolle der strategischen Sicherheitsziele z. B. Ausfallminimierung und Vorbeugung von Katastrophen; Vertragsmanagement (Outsourcing); kontinuierliche Kontrolle und Adaption der bisherigen Maßnahmen; [Heitmann 2007, S. 81 ff.]

O1: Motivation und Sensibilisierung der Mitarbeiter das IT-Sicherheitskonzept umzusetzen bzw. dessen Einhaltung kontrollieren (Mitarbeitergespräche, Seminare, Workshops); Sicherheitsmaßnahmen zum Schutz von Objekten, Daten, Hard- und Software umsetzen; [Heinrich & Lehner 2005, S. 262]

O2: Identitätsmanagement implementieren; Sicherheitsstudien durchführen; Einhaltung der Sicherheitsmaßnahmen laufend kontrollieren [Heinrich & Lehner 2005, S. 263]; größere bauliche Maßnahmen (z. B. geeignete Serverräume anmieten, Outsourcing); regelmäßiges Training von Notfallszenarien;

Vorteile

- Ausfallminimierung
- Imagegewinn
- Begrenzung des Know-How-Verlustes
- Minimierung von Folgekosten, z. B. Pönalen durch Ausfälle
- verbesserte Wirtschaftlichkeit

Nachteile

- Verringerung der Produktivität
- hoher Kostenaufwand
- größerer Personalaufwand

[Heitmann 2007, S. 28 ff.]

Wechselwirkungen zwischen den Maßnahmen

Das Management sieht im IT-Sicherheitsmanagement oft nur einen weiteren Kostentreiber im Unternehmen [OpenSource 2009]. Durch eine Interaktion mit der Maßnahme IT-Kostenmanagement können die durch das Sicherheitsmanagement verursachten Kosten auf die Fachabteilungen übertragen werden. Somit wird der Nutzen für jede Abteilung ersichtlich und die Akzeptanz im Management und im Unternehmen erhöht. [Gadatsch & Mayer 2010, S. 200 ff.]

3.3.11 Virtualisierung

"Virtualisierung bezeichnet Methoden, die es erlauben, Ressourcen (wie Server, Applikationen, Desktop, Storages etc.) mit Hilfe von Software zu abstrahieren und damit die Möglichkeit zum zentralen Zusammenfassen oder Aufteilen zu erhalten". [Vogel et al. 2010, S. 7]

Traditionelle Arten von Virtualisierung, die das Aufteilen bzw. das Zusammenfassen von IT-Ressourcen ermöglichen, sind seit Jahren am Markt etabliert. Ob dabei Netzwerkkomponenten geteilt oder gemeinsam genutzt werden, hängt vom jeweiligen Einsatzbereich ab. Virtualisierung wurde in der Vergangenheit vor allem in Rechenzentren mittlerer und großer Unternehmen eingesetzt, da nur dort der Nutzen und das Einsparungspotential höher waren, als die durch Virtualisierung entstandene Komplexität (Kostenersparnis vs. Komplexität). [Vogel et al. 2010, S. 7]

Neue Entwicklungen in der Virtualisierungstechnologie werden wesentlich vereinfacht und sind so auch für kleinere Betriebs- und Netzwerkumgebungen interessant. Softwarekomponenten zum Virtualisieren von Serversystemen werden direkt in die Serverhardware eingebaut, dadurch ist eine große Management-Infrastruktur nicht mehr zwingend notwendig. [Vogel et al. 2010, S. 7]

Anwendungs- bzw. Softwarevirtualisierung, Onlinevirtualisierung und Desktopvirtualisierung sind nur einige Einsatzmöglichkeiten der „neuen" Virtualisierung. Komplexe Strukturen in der Informationstechnologie können so wesentlich vereinfacht werden. Die Desktopvirtualisierung hat in vielen Unternehmen einen regelrechten Hype ausgelöst, da der komplette PC inkl. Anwendungen und Benutzereinstellungen virtualisiert wird und in das Rechenzentrum „verlagert" werden kann. Einfacheres Management (z. B. einfache Anwendungsbetreuung, Softwareverteilung, Tests usw.), höhere Datensicherheit und flexible Einsatzmöglichkeiten sind Vorteile, die durch den Einsatz von Virtualisierung erzielt werden können. [Vogel et al. 2010, S. 8]

Fehlerhafte Software oder der Ausfall von Hardwarekomponenten der Netzwerkinfrastruktur stellt jedes Unternehmen vor essentielle Probleme. [Vogel et al. 2010] betrachtet ein gut organisiertes Sicherheits-, Release- und Changemanagementkonzept als unbedingten Bestandteil in virtuellen Infrastrukturen. [Vogel et al. 2010, S. 19]

Cloud Computing:

Dieses Konzept baut, wie Virtualisierung, auf zentralisierte Architekturen auf und wird von [Repschläger et al. 2010, S. 6] als Basisinnovation bezeichnet, mit dem Potential die IT-

Industrie nachhaltig zu verändern. *„Cloud Computing selbst stellt eine Ansammlung von Diensten, Anwendungen und Ressourcen dar, die dem Nutzer flexibel und skalierbar über das Internet angeboten werden, ohne eine langfristige Kapitalbindung und IT-spezifisches Knowhow vorauszusetzen."* [Repschläger et al. 2010, S. 6]

Die Kunden können flexibel Leistungen anmieten, die z. B. verbrauchsabhängig abgerechnet werden. Da der Betrieb und Wartungsaufwand gänzlich beim Betreiber liegt, handelt es sich um eine Form des IT-Sourcings. Dem Kunden bleiben hohe Anschaffungskosten in Form von Server, Lizenzen oder Stellflächen erspart und die Komplexität des IT-Betriebs wird reduziert. Bei Haftungsfragen, Datenschutz und -sicherheit sehen [Repschläger et al. 2010, S. 14] Herausforderungen, welche noch nicht alle Anbieter klar umsetzen. Um die Zuverlässigkeit und Qualität der Cloud-Dienste zu garantieren, müssen Service-Level-Agreements formuliert werden. [Vogel et al. 2010, S. 15 ff.] [CloudComputing CIO 2011]

Eine Studie unter 700 IT-Verantwortlichen aus dem Jahr 2010 hat ergeben, dass jedes fünfte Unternehmen versucht, den Einsatz von Virtualisierungsmöglichkeiten zu forcieren. Als wesentliche Beweggründe wurden die Reduktion der Komplexität, sinkende Anschaffungskosten und höhere Flexibilität genannt. [CitrixStudie 2010]

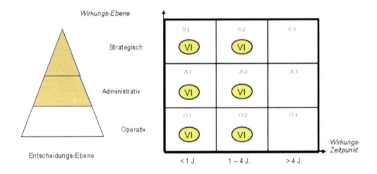

Abbildung 12: Einordnung der Maßnahme Virtualisierung

Beim Überprüfen der IT- und Kommunikationsstrategie muss überlegt werden, inwiefern neue Entwicklungen wie Cloud Computing bzw. bereits bestehende, noch nicht genutzte Technologien, den veränderten Unternehmensanforderungen gerecht werden [CFOWorld 2009]. Virtualisierung und Cloud Computing sind Bestandteile der IT-Strategie und werden auf der strategischen Entscheidungsebene beschlossen. Da für Virtualisierung ein gut organisiertes Sicherheits-, Release- und Changemanagement benötigt wird, wird Virtualisierung auch der administrativen Entscheidungsebene zugeordnet. [Vogel et al. 2010, S. 19]

Anhand nachfolgender Aufzählungen werden Wirkungszeitraum und Wirkungsebene abgeleitet:

S1: Konsolidierung der IT-Landschaft mit geeigneten Maßnahmen. [Buchta et al. 2009, S. 189]

S2: Komplexitätsreduktion durch den Einsatz von Cloud Computing; Erhöhung der Zuverlässigkeit und Innovation; [Buchta et al. 2009, S. 189]

A1: Mitarbeiterbedarf muss angepasst werden, da eine eventuelle Reduktion der Mitarbeiter durch den Einsatz von Virtualisierung sinnvoll sein kann. [Buchta et al. 2009, S. 189]

A2: Release Management, Change Management, System- und Netzsicherheit planen und durchführen [Buchta et al. 2009, S. 161]

O1: Durch den Einsatz von Virtualisierung eine Optimierung der Lizenz- und Wartungskosten für Hard- und Software erreichen. [Buchta et al. 2009, S. 161]

O2: Durch Virtualisierung bzw. Cloud Computing eine einheitliche Infrastruktursicherheit, System- und Netzplanung erreichen. [Buchta et al. 2009, S. 161]

Vorteile	**Nachteile**
• Kostenreduktion	• Ausfallrisiko (bei einem Hardwareausfall sind mehrere virtualisierte Systeme betroffen)
• Reduktion der Komplexität	
• höhere Ressourcennutzung	
• Reduktion des Arbeitsaufwandes	• Virtualisierung erfordert zusätzliches Know-how
• sinkende Anschaffungskosten	

[Buchta et al. 2009, S. 161 ff.]

Wechselwirkung zwischen den Maßnahmen

Durch den Einsatz von Virtualisierungstechnologien kann im Unternehmen die Komplexität der IT-Infrastruktur verringert werden. Eine Wechselwirkung zur Maßnahme Green IT wird durch den reduzierten Stromverbrauch hergestellt [Kosch & Wagner 2010, S. 205]. Eine weitere Wechselwirkung kann zur Maßnahme Sicherheitsmanagement abgeleitet werden, da durch den Einsatz von Virtualisierung die Datensicherheit erhöht wird [Vogel et al. 2010, S. 8]. Entscheidet sich ein Unternehmen zum Einsatz von Cloud Computing Services, müssen das Service-Level-Agreement verhandelt werden. Nur dadurch wird die Zuverlässigkeit und Qualität der Cloud-Dienste garantiert. [CloudComputing CIO 2011]

3.3.12 Vertragsmanagement

„ ... Vertragsmanagement ist die zielorientierte Gestaltung der Rechtsbeziehungen zwischen Auftragsnehmer (Kunde, Servicenehmer usw., z. B. ein Outsourcing-Nehmer) und Auftraggeber (Lieferant, Servicegeber, usw., z. B. ein Outsourcing-Geber) ..." [Heinrich & Stelzer 2009, S. 306]

Durch die weltweite Online-Vernetzung ist der Markt für Produkte und Dienstleistungen immer größer geworden. Jetzt ist es möglich, Produkte und Dienstleistungen an den entferntesten Orten nachzufragen und zu bestellen. Verträge werden weltweit durch einen Mausklick zwischen den Vertragspartnern abgeschlossen. [Schmid 2006, S. 489]

Ein Nachteil dieser rasanten Entwicklung ist, der mitunter unkontrolliert wachsende Vertragsbestand – das kann zu nachstehenden Problemen führen:

- große finanzielle Schäden durch z. B. Pönalzahlungen
- Lücken im Vertragsbestand haben im schlimmsten Fall straf- und zivilrechtliche Konsequenzen
- durch die unterschiedlichen Vertragsarten kann die Übersicht schnell verloren gehen

[Heinrich & Stelzer 2009, S. 306]

Ein sinnvoll eingesetztes Vertragsmanagement hilft dem Unternehmen, dieses Risiko zu minimieren und den Aufwand für die Bearbeitung in Grenzen zu halten. Die Aufgaben des Vertragsmanagement umfassen dabei die Bedarfsermittlung, den Verhandlungsprozess und den Vertragsabschluss. Abgeschlossene Verträge schaffen für beide Vertragspartner einheitliche Rahmenbedingungen und ein dadurch kalkulierbares Risiko. Nicht mehr aktuelle Verträge können durch regelmäßige Kontrolle rechtzeitig gekündigt oder zu besseren Konditionen angepasst werden. Muster- oder Modellverträge können bei der Vertragsverhandlung den Zeit- und Kostenaufwand deutlich reduzieren. [Heinrich & Stelzer 2009, S. 307 ff.]

Da die Vertragsverhandlungen in vielen Unternehmen abteilungsbezogen durchgeführt werden, hat keine übergeordnete Instanz einen Überblick über den gesamten Vertragsbestand. Durch das Vertragsmanagement kann die Vertragsgestaltung einer zentralen Instanz im Unternehmen zugeordnet werden. Bei [Heinrich & Lehner 2005] ist zu lesen, dass diese Aufgabe von einer zentralen IT-Abteilung übernommen werden kann. [Heinrich & Stelzer 2009, S. 310]

Durch Vertragsmanagement können Unternehmen eine Transparenz in ihrem Vertragsbestand schaffen. Diese Transparenz kann nur erzielt werden, wenn geeignete Werkzeuge zur Informationsbeschaffung (z. B. Kündigungstermine, Vertragskonditionen) eingesetzt werden. So wird Vergleichbarkeit geschaffen und ein Nachverhandeln der Verträge zu besseren Konditionen ermöglicht. [Heinrich & Stelzer 2009, S. 313 f.]

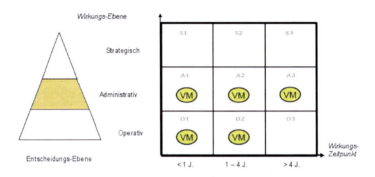

Abbildung 13: Einordnung der Maßnahme Vertragsmanagement

Vertragsmanagement soll, um die Anforderungen der Entscheidungsträger in ein einheitliches System zu vereinen, zentralisiert eingesetzt werden. Vertragsmanagement wird von [Heinrich & Stelzer 2009, S. 305 ff.] der administrativen Entscheidungsebene zugeordnet.

Anhand nachfolgender Aufzählungen werden Wirkungszeitraum und Wirkungsebene abgeleitet:

A1: Erarbeitung von Muster- und Modellverträgen in Zusammenarbeit mit Juristen (Entwicklung eines Vorgehensmodell); Bedarfs- und Risikoanalyse durchführen; [Heinrich & Stelzer 2009, S. 312 f.]

A2: Vertragsmanagement als zentrale Instanz (als ganzheitliches System) im Unternehmen installieren. [Heinrich & Stelzer 2009, S. 310]

A3: Erfahrungsgewinn (Know-how Vorteil) durch das Vertragsmanagement kann bei Verhandlungen von längerfristigen Verträgen optimal genutzt werden.

O1: Vereinfachung der Vertragsabschlüsse durch den Einsatz von Musterverträgen; standardisierter Ablauf für Vertragsabschlüsse; Vertragskontrolle; [Heinrich & Stelzer 2009, S. 312 f.]

O2: regelmäßiges Review der Verträge; Neuverhandlung um bessere Konditionen zu erhalten;

Vorteile

- Überblick über bestehende Verträge
- Kostenminimierung durch die Verwendung von Musterverträgen
- Kostenminimierung durch optimales Ausnutzen der Kündigungsfristen
- Einhaltung von gesetzlichen Vorschriften
- höhere Standardisierung

Nachteile

- höhere Kosten für die Erstellung von Musterverträgen
- höherer Ressourcenbedarf durch ständige Revision der Verträge

[Heinrich & Stelzer 2009, S. 306 ff.]

Wechselwirkungen zwischen den Maßnahmen

Die Beschreibung und Definition von IT-Services ist ein Ziel der Maßnahme Service-Level-Agreement. Auf dieser Grundlage können IT-Dienstleister und Dienstleistungsnehmer Vertragsverhandlungen führen. Dadurch ist eine Wechselwirkung zur Maßnahme Service-Level-Agreement hergestellt [Mayerl et al. 2005, S. 271]. Durch Vertragsmanagement wird der Vertragsbestand im Unternehmen transparent und vergleichbar gemacht. Durch die Interaktion mit der Maßnahme Benchmarking können verschiedene Verträge auf bessere Konditionen verglichen werden. [Heinrich & Lehner 2005, S. 253]

3.4 Empirische Datenerhebung

Im folgenden Abschnitt wird das Design der empirischen Datenerhebung detailliert präsentiert. Warum sich der Autor für eine Untersuchung mittels Delphi-Befragung entschieden hat, wird zu Beginn betrachtet.

3.4.1 Delphi-Befragung

Anfänglich sollte zur Evaluierung der Maßnahmen und Überprüfung der Forschungsfragen die Expertenbefragung (Experteninterview) verwendet werden. Das Experteninterview ist laut [Häder 2009, S. 60] eine teilstandardisierte Methode, dessen Einsatz sich zur empirischen Überprüfung eines Sachverhaltes nicht so gut, wie z. B. die Delphi-Befragung, eignet. Experteninterviews können angewendet werden, um Vorbereitungen für den Einsatz von stärker standardisierten Methoden vorzunehmen.

Vergleich zwischen Experteninterview und Delphi-Befragung

In der nachfolgenden Abbildung sind Unterschiede im Design und den Zielen von Experteninterview und Delphi-Befragungen ausgearbeitet:

Experteninterview	Delphi-Befragung
Design	
unterschiedliche Möglichkeiten je nach Befragungsmodus	Befragung kann an verschiedenen Orten erfolgen
kein Feedback	anonymes Feedback informiert über die Gruppenmeinung
Ergebnisse liegen relativ schnell vor	größerer Zeitaufwand erforderlich
nur relativ geringe methodische Absicherung	**gute methodische Absicherung**
Ziele	
nur Ermittlung von Expertenmeinungen möglich	Ermittlung und Qualifikation von Expertenmeinungen möglich
Konsens nicht erreichbar	Konsens erreichbar
Strukturierung diffuser Sachverhalte mit unterschiedlichen Erfolgsaussichten möglich	
Ideenaggregation prinzipiell möglich	

Tabelle 2: Experteninterview vs. Delphi-Befragung [Häder 2009, S. 62]

Die methodische Absicherung ist ein wesentlicher Vorteil der Delphi-Technik im Vergleich zur Expertenbefragung. Weiters kann durch die Delphi-Befragung nach jeder Befragungsrunde ein anonymes Gruppenfeedback in die jeweils nächste Fragerunde eingebracht werden. Ein Nachteil der Delphi-Befragung ist der erhebliche zeitliche Mehraufwand und die eventuell schwindende Motivation der Experten, über einen längeren Zeitraum an der Befragung teilzunehmen.

3.4.1.1 *Planung von Delphi-Befragungen*

Zu Beginn der Planung muss festgelegt werden, welcher Typ von Delphi-Befragung zum Einsatz kommen soll. Folgende Delphi-Typen, die für den Einsatz in diesem Buch relevant sind, konnte der Autor durch die Recherche der Literatur identifizieren:

Typ eins (Ideenaggregation)	Typ drei (Ermittlung von Expertenmeinungen)
qualitativ angelegt	qualitatives und quantitatives Vorgehen
kaum Operationalisierung	der zu bearbeitende Sachverhalt ist möglichst exakt zu definieren
Nutzung offener Fragen	offene und geschlossene Fragen kommen zum Einsatz
Auswahl der Experten erfolgt aufgrund der Expertise	bewusste Auswahl der Experten
ausschließlich qualitative Runden	qualitative Runde kann zur Operationalisierung genutzt werden
Ziel	
Sammlung von Ideen zur Lösung eines Problems	**Ermittlung und Qualifikation der Ansichten von Experten**

Tabelle 3: Delphi Typ eins vs. Typ drei [Häder 2009, S. 36]

Der Typ drei zur Ermittlung von Expertenmeinungen eignet sich für die Untersuchung, da eine Operationalisierungsmöglichkeit gegeben ist und das Ziel, die Ermittlung und Qualifikation der Ansichten von Experten, mit dem Ziel dieses Fachbuches übereinstimmt. [Häder 2009, S. 36] beschreibt den Delphi-Typ zwei zur Verbesserung der Bestimmung eines Sachverhalts (Vorhersagen). Dieser Typ eignet sich jedoch nicht zur Erreichung des Untersuchungsziels und wurde nicht berücksichtigt.

3.4.1.2 Design von Delphi-Befragungen

Nach [Häder 2009, S. 88] wird bei der Delphi-Befragung nur ein sinnvolles Ergebnis erzielt, wenn eine systematische Aufbereitung der Fragestellung vor Beginn der Studie erfolgt. Das Prinzip der Facettentheorie beruht auf der Zerlegung des gesamten zu überprüfenden Forschungsumfangs in abstrakte Sachverhalte. Bei dieser Zerlegung werden die wesentlichen von den unwesentlichen Dimensionen getrennt.

„Die Facettentheorie verdeutlicht, welche Schritte und Überlegungen erforderlich sind, um eine Fragestellung zu zerlegen und verhilft so zu einer systematischen Ableitung der Indikatoren für eine empirische Studie". [Häder 2009, S. 88]

„Die Facettentheorie liefert eine nachvollziehbare und theoriegeleitete Reduzierung der Komplexität des Problems auf ausgewählte Facetten. Ein weiterer Vorteil der Facettentheorie besteht in der Flexibilität". [Häder 2009, S. 92]

Eine große Herausforderung ist die Operationalisierung der allgemeinen Frage- bzw. Problemstellung mit dem Ziel, konkrete Kriterien abzuleiten, die den Experten im Rahmen einer Befragung vorgelegt werden können. Dadurch wird festgelegt, welche Elemente für die beabsichtigte empirische Untersuchung wesentlich sind und welche Dimensionen die einzelnen Facetten enthalten. [Häder 2009, S. 92]

3.4.1.3 Auswahl der Experten

Zur Expertenrekrutierung einer Delphi-Befragung gibt es keine methodischen Standards, daher kann man diese nur eingeschränkt formalisieren. Die Expertenauswahl kann sich dadurch als sehr kompliziert erweisen. In vielen Delphi-Befragungen werden die Teilnehmer nach bestimmten Kriterien ausgewählt. Diese Kriterien müssen vom Monitoring-Team identifiziert und festgelegt werden. [Häder 2009, S. 99]

Folgende Aufgaben sind laut [Häder 2009, S. 99] bei der Zusammenstellung der Expertenauswahl zu berücksichtigen:

- Anzahl der Experten muss festgelegt werden
- Kriterien für die Expertenauswahl müssen getroffen werden (nach Möglichkeit sind diese Kriterien zu begründen)
- Wie können die Experten identifiziert werden

Rekrutierung von Teilnehmern für eine Typ drei Delphi-Befragung) (Befragung zur Ermittlung der Ansichten bestimmter Experten)

Ziel ist die Ermittlung und Qualifizierung von Expertenmeinungen über einen unsicheren Sachverhalt. Bei dieser Art von Delphi-Befragung wird neben der qualitativen Fragestellung auch eine quantifizierbare Bewertung vorgenommen. [Häder 2009, S.104]

Erforderlicher Umfang der Expertengruppe

Eine bewusste Auswahl (keine Totalerhebung) von Experten ist für den Delphi-Typ drei am zielführendsten. Je größere die Expertengruppe, desto größer ist die Kompetenz, mit der Einschätzungen getroffen werden. Die Ergebnisse der Studie dürfen nicht verallgemeinert werden. Totalerhebungen (z. B. alle Mitarbeiter einer Abteilung) werden vor allem bei innerbetrieblichen Delphi-Befragungen durchgeführt. [Häder 2009, S. 105]

Für das vorliegende Buch werden die Experten durch eine bewusste Auswahl rekrutiert. Die Anzahl der teilnehmenden Experten ist auf ca. zehn Personen begrenzt. Die Monitoring-Gruppe erwartet von dieser Expertenanzahl nachvollziehbare Ergebnisse. Aufgrund der

Anzahl von Experten sind mehr als zwei Befragungsrunden nicht zielführend. [Häder 2009, S. 105]

Struktur der Expertengruppe

Um eine möglichst homogene Expertengruppe rekrutieren zu können, werden nachfolgende Quotenmerkmale bestimmt:

- Unternehmen war/ist von der Wirtschaftskrise betroffen (z. B. Mitarbeiter in Kurzarbeit)
- Unternehmensgröße (500 - 1500 Mitarbeiter)
- Zuordnung zum Untersuchungsgegenstand – Personenkreis: CIO, IT-Gruppenleiter, CEO
- unterschiedlich ausgeprägter Grad an Fachkenntnis: seit wie vielen Jahren in der IT als „Experte" tätig
- Struktur der Informationstechnologie

[Häder 2009, S. 106]

Wege zur Auffindung der Teilnehmer

Um Experten namentlich ausfindig zu machen, führt [Häder 2009, S. 107] lediglich das Durchsuchen von Adressdatenbanken an. Er erwähnt gleichzeitig, dass diese aber in den seltensten Fällen vorliegen.

3.4.1.4 *Rekrutierung der Experten für die Delphi-Befragung*

Die meisten Kontaktdaten für die Rekrutierung der Experten konnten auf der diesjährigen Karrieremesse der Johannes Kepler Universität gesammelt werden. Im April 2011 wurde die erste schriftliche Kontaktaufnahme mit den potentiellen Teilnehmern der Studie via E-Mail vorgenommen. In einem Motivationsschreiben wurde den Experten erklärt, welches Ziel der Autor dieses Buches mit der Studie verfolgt und wie sich der grundsätzliche Ablauf gestalten wird. Zehn namhafte Experten waren daraufhin bereit, mich bei der Durchführung der Studie zu unterstützen. Von fünf Experten wurde der Fragebogen der ersten Befragungsrunde retourniert. Diese fünf Experten nahmen auch an der zweiten Befragungsrunde teil. Der Ausfall von 50 % begründet sich im starken Arbeitsaufwand (Dienstreisen usw.), den die Experten im Tagesgeschäft bewältigen müssen.

Folgende Expertengruppe nahm an beiden Befragungsrunden der Delphi-Befragungsstudie teil:

Firmenname	Ort	Experte
Firma 1		Teilnehmer 1
Pöttinger Maschinenfabrik GmbH	Grieskirchen	Dipl.-Ing. Heidi Perr
Firma 3		Teilnehmer 3
Fronius International GmbH	Wels	Mag. Thomas Klammer
Vace Engineering GmbH & Co KG	Linz	Mag. Helmut Altreiter

Tabelle 4: Expertengruppe

Ohne die großartige und wertvolle Unterstützung dieser Experten wäre eine erfolgreiche Durchführung der Delphi-Befragungsstudie nicht möglich gewesen!

3.4.1.5 Monitorgruppe

Die Monitorgruppe bestand aus drei Personen:

- Univ.-Prof. Mag. Dr. Friedrich Roithmayr
- MMag.[a] Dr.[in] Katharina Steininger
- Mag. David Rückel, Bakk.

Diese Gruppe traf sich während der Vorbereitungs- und Durchführungsphase der Delphi-Studie in unregelmäßigen Abständen und besprach bzw. koordinierte alle notwendigen Arbeiten zur erfolgreichen Durchführung der Studie. Der Autor dieses Buches war bei allen Treffen anwesend.

3.4.1.6 Auswertung und Analyse

Die Auswertung der einzelnen Fragebögen erfolgte je Befragungsrunde nach Rückantwort der Experten. Dabei gestaltete sich dieser Prozess mitunter nicht einfach, da einzelne Experten die vom Autor gesetzte Deadline aus verschiedenen Gründen nicht einhalten konnten.

Nach der ersten Befragungsrunde wurde ein Feedbackbericht erstellt und gemeinsam mit dem zweiten Fragebogen den Experten via Postweg übermittelt. Im Anschluss an die zweite Befragungsrunde wurde ein Abschlussbericht erstellt, der ebenfalls den Experten übermittelt wurde. Die Fragebögen wurden anonymisiert ausgewertet und anhand des Feedbacks sind keine Rückschlüsse auf teilnehmende Personen möglich. Natürlich wurde dabei auch die Vertraulichkeit und der Datenschutz gewährleistet.

3.4.1.7 Planung, Pretest und Durchführung der ersten Befragungsrunde

Die Maßnahmen werden im Fragebogen kurz beschrieben, damit die Experten einen Überblick über die Thematik bekommen. Um die identifizierten Maßnahmen zu strukturieren, habe der Autor eine Klassifizierung nach Unternehmensebene, Wirkungsort und Wirkungszeitpunkt vorgenommen. Abgeleitet wurde diese Einteilung aus der Literatur und der Seminararbeit. Im Zuge der ersten Befragung soll eruiert werden, wie die Fachexperten eine derartige Zuordnung treffen. Die Auswahl der Experten soll durch die Angabe von Anwendungsbeispielen erläutert werden. In dieser Befragungsrunde wird noch kein Bezug zu den Ergebnissen aus dem theoretischen Teil des Buches hergestellt, da die Experten den Fragebogen „unvoreingenommen" ausfüllen sollen. Erst in der zweiten Runde werden die Experten durch das Literaturergebnis (siehe Kapitel 3.3) und den Feedbackbericht eventuell beeinflusst. Abschließend sollen die Experten eine Potentialeinschätzung der Maßnahmen im Zusammenhang mit der Weltwirtschaftskrise 2008/2009 treffen. Dieses Kriterium ist ausschlaggebend dafür, welche Maßnahmen in den Fragebogen für die zweite Fragerunde übernommen werden. Nur wenn die Mehrheit der Experten das Potential der Maßnahme mit „sehr hoch" oder „hoch" bewertet, wird diese in die zweite Befragungsrunde aufgenommen.

Besonderen Wert legt der Autor in dieser Runde auf die Anwendungsbeispiele der Experten, da sich die Ableitung solcher Beispiele aus der Literatur sehr schwer gestaltet.

Pretest

Laut [Häder 2009, S. 139] ist es sinnvoll und notwendig, dass der Fragebogen vorab auf Vollständigkeit und Verständlichkeit getestet wird. Vier Personen haben den Fragebogen vor dem Start der ersten Befragungsrunde getestet. Abschließend wurde der Fragebogen durch die Monitorgruppe kontrolliert und freigegeben.

Durchführung

Die Unterlagen für die erste Befragungsrunde wurden auf dem Postweg an die Experten übermittelt. Der Autor hat sich für diese Methode entschieden, da das Ausfüllen des Fragebogens mit einem größeren Zeitaufwand verbunden war (ca. 40 Minuten). Die Experten konnten den Fragebogen so z. B. in mehreren Etappen ausfüllen. Als Zeitrahmen für die Beantwortung wurden zwei Wochen gewählt (von 02. Mai 2011 bis 15. Mai 2011).

3.4.1.8 Planung, Pretest und Durchführung der zweiten Befragungsrunde

Aufgrund der Ergebnisse aus der Potentialeinschätzung (siehe Kapitel 4.1.1, Auswertung erste Befragungsrunde) wurden fünf Maßnahmen (IT-Strategie, Geschäftsprozessmanagement, IT-Kostenmanagement, Kommunikationsmanagement und Monitoring) in die zweite Befragungsrunde übernommen. Diese Maßnahmen sollten im Fragebogen der zweiten Runde nochmals bewertet werden (Klassifizierung nach Unternehmensebene, Wirkungsort und Wirkungszeitpunkt).

Dazu wurden den Experten der Feedbackbericht aus der ersten Befragungsrunde und die aus der Literatur abgeleitete Einteilung zur Verfügung gestellt. Vier kurze Fragen zu den Themen „Kostenreduktion", „wertsteigernder Einsatz der IT", „Umsetzung der Maßnahme im Unternehmen" und „Vorteile" waren ebenfalls zu beantworten.

IT wertsteigernd einsetzen:

„Welches spezifische Wertpotential der Einsatz von IT dem Unternehmen bietet, hängt (...) von vielen unternehmensinternen und -externen Faktoren ab." [Buchta et al. 2009, S. 21]. In der Literatur findet man häufig den Begriff „wertorientierte IT-Strategie." [Buchta et al. 2009] beschreiben diesen Begriff als Prozess, der von der IT und den Fachabteilungen ausgeführt wird, um die IT-Komponenten zu identifizieren, die einen möglichst hohen Wertbeitrag für das Unternehmen erzielen können (IT als Enabler für das Geschäft). Die IT als Enabler für das Geschäft einzusetzen, heißt laut [Buchta et al. 2009]:

- Reduktion der Kosten (nicht nur IT-Kosten) im Unternehmen – wird im Fragebogen durch eine eigene Frage abgedeckt.
- Stärkung des Umsatzes
- Erschließung neuer Geschäftsfelder und Steigerung des Umsatzes

[Buchta et al. 2009, S. 21].

Anhand der Frage kann somit ermittelt werden, welcher Maßnahme, die Experten diese Fähigkeiten zutrauen.

Einsatz der Maßnahme im Unternehmen

In der Literatur wird oft erwähnt, dass gewisse Maßnahmen trotz ihrer Vorteile keine Anwendung in der Praxis finden. Die Literaturanalyse ergab, dass z. B. viele Unternehmen über keine IT-Strategie verfügen oder Maßnahmen wie z. B. Virtualisierung oder Monitoring nicht eingesetzt werden (trotz der relativ schnell umsetzbaren Vorteile). Wie sieht diese Situation in den Unternehmen der teilnehmenden Experten aus? Welche Maßnahmen, denen die Experten ein entsprechendes Potential im Zusammenhang mit der Krise zusprechen, wurden bereits realisiert?

Pretest

Der Fragebogen für die zweite Befragungsrunde wurde wieder durch vier Personen getestet und von der Monitorgruppe freigegeben.

Durchführung

Die Übermittlung der Unterlagen erfolgte wieder mittels Post. Als Zeitrahmen für die Beantwortung wurden zwei Wochen gewählt (von 08. Juni 2011 bis 24. Juni 2011).

3.4.1.9 Ablauf des Delphi-Prozesses

In der nachstehender Grafik ist der Ablauf der Delphi-Befragung grafisch dargestellt:

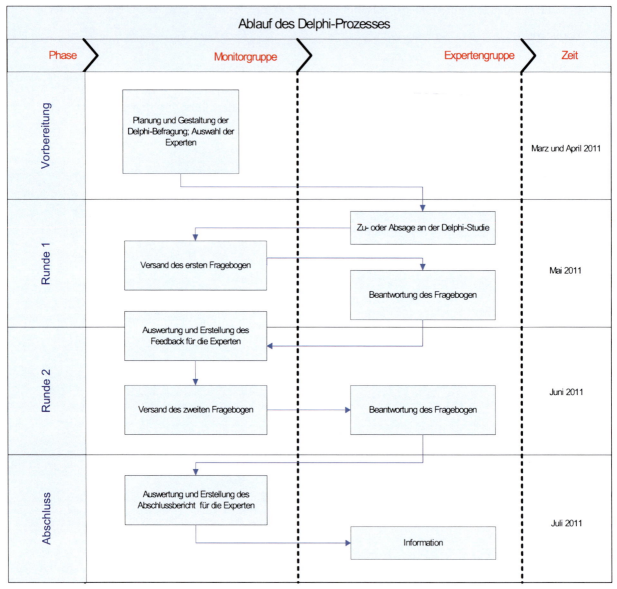

Abbildung 14: Darstellung des Delphi-Prozesses

3.4.2 Planung und Durchführung Interview

Während einer Besprechung der Monitor Gruppe entstand die Idee, ein Interview mit einem der teilnehmenden Experten durchzuführen. Da die Auswertung der Befragungsrunden auch Ergebnisse zeigte, die nicht direkt nachvollziehbar waren, hat der Autor den Entschluss gefasst, in einem Interview diese Ergebnisse nochmals zu besprechen.

Das Interview wurde am 01. August 2011 mit Herrn Mag. Thomas Klammer in der Zentrale der Firma Fronius in Wels durchgeführt. Herr Klammer ist in der Funktion eines IT-Leiters für das Unternehmen Fronius tätig. Herr Klammer stimmte einer Aufzeichnung des Gespräches – zur besseren Nachvollziehbarkeit – zu. Er stimmte auch zu, ihn in dem vorliegenden Buch namentlich zu erwähnen.

Die wichtigsten Informationen aus dem Interview wurden direkt in die entsprechenden Kapitel eingearbeitet und mit *„Interview Thomas Klammer"* gekennzeichnet. Diese Kennzeichnung wurde vorgenommen, um zu verdeutlichen, dass dies die Einzelmeinung von Herrn Klammer ist und nicht die der gesamten Expertengruppe.

4 Ergebnis

In diesem Kapitel werden die Ergebnisse der Delphi-Befragung präsentiert und anschließend dem Ergebnis der Literaturanalyse gegenübergestellt.

4.1 Auswertung Delphi-Befragung

In diesem Kapitel werden die Ergebnisse der ersten und zweiten Befragungsrunde skizziert. Die Ergebnisse werden nachstehend präsentiert und für jede Befragungsrunde wird ein Fazit gezogen. Beantwortet wird im Kapitel 4.1.1.13 die dritte Forschungsfrage und im Kapitel 4.1.2.6 die zweite Forschungsfrage.

4.1.1 Erste Befragungsrunde

Die Auswertung resultiert aus den erhaltenen Fragebögen der ersten Befragungsrunde der Delphi-Studie. Fünf namhafte Experten haben sich an der Studie beteiligt. Bei Frage eins (Entscheidungsebene) und Frage zwei (Matrix Wirkungsebene und -zeit) waren Mehrfachnennungen möglich. Die von den Experten genannten Anwendungsbeispiele werden zu jeder Maßnahme angeführt. Der Fragebogen zur ersten Befragungsrunde ist im Anhang angeführt.

4.1.1.1 IT-Strategie

Für die Maßnahme IT-Strategie konnten folgende Ergebnisse ermittelt werden:

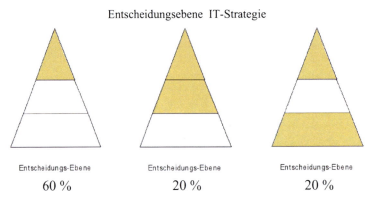

Abbildung 15: Entscheidungsebene der Maßnahme IT-Strategie

Dass der Einsatz der Maßnahme IT-Strategie auf strategischer Ebene im Unternehmen beschlossen wird, geben drei Experten an. Für die Ebenen strategisch und administrativ bzw. strategisch und operativ hat sich jeweils ein Experte entschieden.

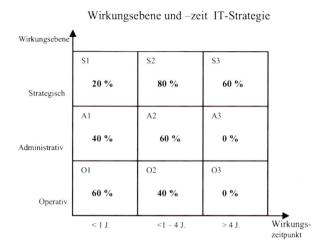

Abbildung 16: Wirkungsebene und –zeit der Maßnahme IT-Strategie

80 % der Experten sind der Meinung, dass die Maßnahme IT-Strategie strategisch mittelfristig im Unternehmen wirkt. Für strategisch langfristig, administrativ mittelfristig und operativ kurzfristig haben sich jeweils drei Experten entschieden. An eine administrativ kurzfristige und operativ mittelfristige Wirkung glauben noch zwei Experten.

Abbildung 17: Potentialeinschätzung der Maßnahme IT-Strategie

60 % der Befragten geben an, dass die Maßnahme IT-Strategie ein sehr hohes bzw. hohes Potential im Zusammenhang mit der Wirtschaftskrise 2008/2009 hat. Aufgrund dieses Ergebnisses wird die Maßnahme in der zweiten Befragungsrunde berücksichtigt.

Anwendungsbeispiele

strategisch kurzfristig:
- Umsetzung der in der Strategie definierten Stellen und Rollen mittels interner Ausschreibung und Bewerbung für alle IT-Mitarbeiter
- Einführung eines IT-Service-Management-Tools

strategisch mittelfristig:
- Umsetzung der Prozessorganisation
- aus der Strategie abgeleitete Projekte im Zuge der Einführung der Prozessorganisation
- Unternehmensstrategie ist defacto ein mittel- bis langfristiger Prozess, der sich im IT-Umfeld abzubilden hat
- Priorisierung und Auswahl von Produkten
- Gründung neuer Töchter – Zusammenhang mit zentraler/dezentraler IT-Strategie

strategisch langfristig:
- Umsetzung der Prozess- und Zeitzonenorganisation weltweit

administrativ kurzfristig:
- Abbildung der Prozesse aus der Strategie und die daraus resultierende operative Tätigkeit – es handelt sich dabei um einen umgehend umzusetzenden Prozess

administrativ mittelfristig:
- Priorisierung von Projekten
- Projekte zur Effizienzsteigerung in der Administration

operativ kurzfristig:
- Ausstattung der Mitarbeiter mit mobilen Geräten

operativ mittelfristig:
- die operative Tätigkeit resultiert aus der Strategie
- Art der Serviceerbringung

4.1.1.2 Benchmarking

Für die Maßnahme Benchmarking konnten folgende Ergebnisse ermittelt werden.

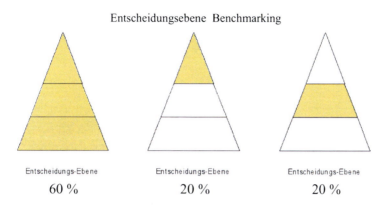

Abbildung 18: Entscheidungsebene der Maßnahme Benchmarking

Die Mehrheit der Experten ist der Meinung, dass Benchmarking auf strategischer, administrativer und operativer Ebene im Unternehmen entschieden wird. Je ein Experte hat sich für die strategische bzw. administrative Ebene entschieden.

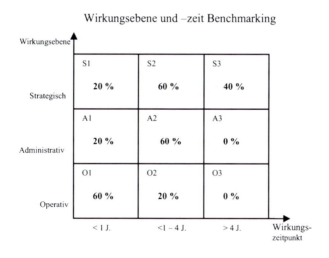

Abbildung 19: Wirkungsebene und -zeit der Maßnahme Benchmarking

Jeweils 60 % der Befragten denken, dass Benchmarking strategisch mittelfristig, administrativ mittelfristig und operativ kurzfristig wirkt. Für eine langfristige Wirkung auf strategischer Ebene haben sich zwei Experten ausgesprochen.

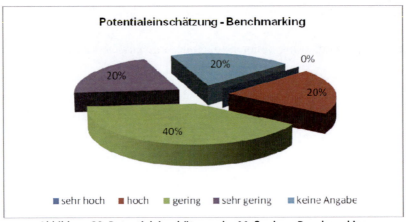
Abbildung 20: Potentialeinschätzung der Maßnahme Benchmarking

Die Maßnahme Benchmarking wird in der zweiten Befragungsrunde nicht mehr berücksichtigt, da drei Experten das Potential als gering bzw. sehr gering eingestuft haben. Ein Experte hat die Maßnahme nicht bewertet und keine Angabe zur Potentialeinschätzung gemacht.

Anwendungsbeispiele

strategisch kurzfristig:
- Wahl bzw. Wechsel von Dienstleistern

strategisch mittelfristig:
- Notwendigkeit, über Produktdiversifizierung den Vorsprung bzw. Gleichklang mit dem Wettbewerb zu finden
- Outsourcing

strategisch langfristig:
- umfassendes Kennzahlensystem, um die Vergleichbarkeit mit anderen Unternehmen, bzw. auch anhand anerkannter Marktanalysten (Gartner, Forrester), gewährleisten zu können

administrativ kurzfristig:
- Entscheidung aufgrund von Benchmarks über „make or buy"

administrativ mittelfristig:
- Benchmarking im Informationsaustausch mit Unternehmen aus dem „eigenen" Netzwerk
- Priorisierung von Projekten

operativ kurzfristig:
- Kennzahlen für den Servicedesk und Vergleich mit einem befreundeten Unternehmen
- Änderung der Qualität von IT-Services

operativ mittelfristig:
- Anpassung des Prozesses an die strategische Vorgabe

4.1.1.3 Green IT

Für die Maßnahme Green IT konnten folgende Ergebnisse ermittelt werden:

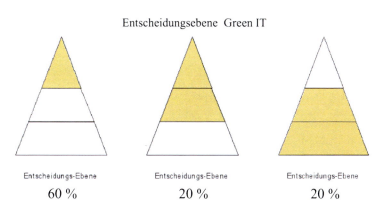

Abbildung 21: Entscheidungsebene der Maßnahme Green IT

Dass die Maßnahme Green IT auf strategischer Ebene im Unternehmen entschieden wird, haben drei Experten im Fragebogen angekreuzt. Für die strategische und administrative bzw. für die administrative und operative Ebene hat sich jeweils ein Experte entschieden.

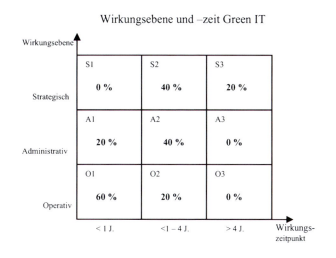

Abbildung 22: Wirkungsebene und -zeit der Maßnahme Green IT

Die Mehrheit von 60 % glaubt, dass Green IT auf operativer Ebene kurzfristig wirkt. Jeweils zwei Experten haben sich im Fragebogen für eine strategisch und administrativ mittelfristige Wirkung entschieden. Strategisch langfristig, administrativ kurzfristig und operativ mittelfristig wurde jeweils von einem Experten ausgewählt.

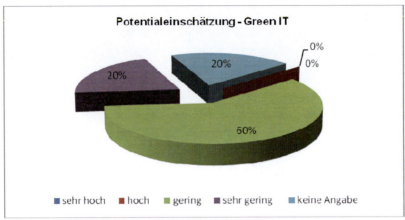

Abbildung 23: Potentialeinschätzung der Maßnahme Green IT

Da 60 % der Experten das Potential dieser Maßnahme nur als gering eingestuft haben, wird Green IT nicht in die zweite Befragungsrunde übernommen und scheidet aus der Studie aus.

Anwendungsbeispiele

strategisch mittelfristig:
- Virtualisierung

administrativ mittelfristig:
- Maßnahmen und Einsatz von Technologien zur Energieeffizienzsteigerung in den Datacenters (Nutzung der Abwärme aus dem DC-Betrieb, Nutzung von Geothermie für die Kühlung)
- Priorisierung von Projekten

operativ kurzfristig:
- Bewusstsein bei Usern wecken
- Einsatz von Virtualisierung
- Einsatz von Videokonferenzsystemen weltweit zur Verringerung der Reisetätigkeit
- energieeffiziente Endgeräte (Laptops, Drucker, usw.)

operativ mittelfristig:
- Auswahl von Produkten

4.1.1.4 Geschäftsprozessmanagement

Für die Maßnahme Geschäftsprozessmanagement konnten folgende Ergebnisse ermittelt werden:

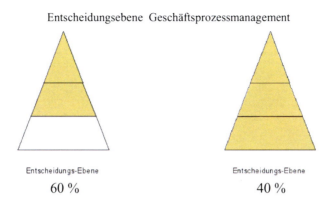

Abbildung 24: Entscheidungsebene der Maßnahme Geschäftsprozessmanagement

60 % der Befragten sind überzeugt, dass Geschäftsprozessmanagement auf strategischer und administrativer Ebene entschieden wird. Zwei Experten glauben, dass zusätzlich auch die operative Ebene in den Entscheidungsprozess einbezogen wird.

Wirkungsebene	< 1 J.	<1 – 4 J.	> 4 J.
Strategisch	S1: 0 %	S2: 100 %	S3: 40 %
Administrativ	A1: 60 %	A2: 60 %	A3: 0 %
Operativ	O1: 60 %	O2: 20 %	O3: 0 %

Abbildung 25: Wirkungsebene und -zeit der Maßnahme GPM

Einig waren sich die Teilnehmer der Studie im Bezug auf die strategsich mittelfristige Wirkung der Maßnahme Geschäftsprozessmanagement. Drei der fünf Experten sind zusätzlich der Meinung, die Maßnahme wirkt im Unternehmen auch auf administrativer

Ebene kurzfristig und administrativ mittelfristig bzw. auf operativer Ebene kurzfristig. Immerhin noch 40 % glauben an eine strategisch langfristige Wirkung.

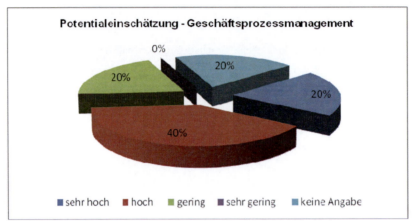

Abbildung 26: Potentialeinschätzung der Maßnahme Geschäftsprozessmanagement

Die Maßnahme Geschäftsprozessmanagement wird auch in der zweiten Befragungsrunde berücksichtigt, da die Mehrheit der Experten von einem sehr hohen bzw. hohen Potential im Zusammenhang mit der Wirtschaftskrise ausgeht.

Anwendungsbeispiele

strategisch mittelfristig:
- Optimierung und Automatisierung der Geschäftsprozesse in den wertschöpfenden Bereichen
- Reorganisation der Marktbearbeitung durch z. B. Umstellung auf Keymanagement
- strategisch wichtige Projekte priorisieren

strategisch langfristig:
- Einsatz einer unternehmensweiten Geschäftsprozess-Plattform für Geschäftsprozess-, Qualitäts-, Verbesserungs- und Risikomanagement
- strategisch wichtige Projekte priorisieren

administrativ kurzfristig:
- Entscheidung über „make or buy"
- Effizienzprojekte

administrativ mittelfristig:
- Umsetzung der in der IT-Strategie festgelegten Prozesse (Orientierung an ITIL)
- Prozess-Simulation in ausgewählten Fachbereichen
- Effizienzprojekte
- Steuerung und Priorisierung von Projekten

operativ kurzfristig:
- Visualisierung der Prozesse
- Außendienststeuerung
- Wegfall von Arbeitsschritten

operativ mittelfristig:
- Verfügbarkeit von Kennzahlen mit erhöhter Steuerbarkeit

4.1.1.5 IT-Kostenmanagement

Für die Maßnahme IT-Kostenmanagement konnten folgende Ergebnisse ermittelt werden.

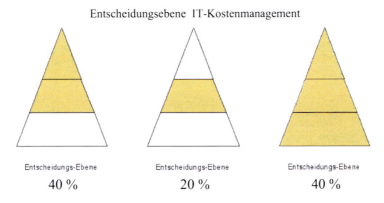

Abbildung 27: Entscheidungsebene der Maßnahme IT-Kostenmanagement

Je zwei Experten sind der Meinung, die Entscheidung über den Einsatz der Maßnahme IT-Kostenmanagement fällt auf strategischer, administrativer und operativer bzw. auf strategischer und administrativer Ebene. Dass die Entscheidung nur auf administrativer Ebene getroffen wird, glaubt einer der befragten Fachexperten.

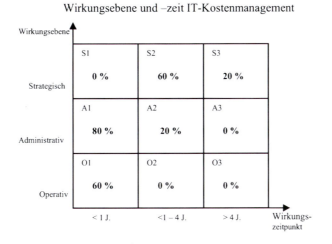

Abbildung 28: Wirkungsebene und -zeit der Maßnahme IT-Kostenmanagement

Dass die Maßnahme IT-Kostenmanagement eine administrativ kurzfristige Wirkung im Unternehmen hat, glauben vier von fünf Experten. Dass IT-Kostenmanagement weiters strategisch mittelfristig und operativ kurzfristig im Unternehmen wirkt, glauben 60 %. Keiner der Experten sieht eine strategisch kurzfristige, administrativ langfristige, operativ mittelfristige oder operativ langfristige Wirkung.

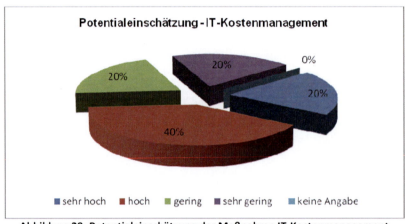

Abbildung 29: Potentialeinschätzung der Maßnahme IT-Kostenmanagement

Zwei Experten sehen in dieser Maßnahme hohes Potential, ein Experte sogar sehr hohes Potential im Zusammenhang mit der Wirtschaftskrise. Daher wird die Maßnahme IT-Kostenmanagement auch in der zweiten Befragungsrunde berücksichtigt.

Anwendungsbeispiele

strategisch mittelfristig:
- Rückkopplung der ermittelten Kostenzuteilung
- Erkenntnis, dass die IT ein wichtiges Arbeitsmittel darstellt

strategisch langfristig:
- Total Cost of Ownership (TCO) Berechnungen für alle angebotenen ICS-Services

administrativ kurzfristig:
- die Auswirkung der Kostenwahrheit erfolgt unmittelbar
- Priorisierung von Projekten
- IT-Leistungsverrechnung
- Erstellen der Investitions- und Kostenbudgets für den Zeitraum eines Wirtschaftsjahres
- mittelfristige Investitions- (anhand von Technologiezyklen) und Personalplanung

operativ kurzfristig:
- die Auswirkung der Kostenwahrheit erfolgt unmittelbar
- permanente Überprüfung der Investitions- und Kostenbudgets (Plan-IST-Vergleich)
- Zeitbuchung von Mitarbeitern

4.1.1.6 Kommunikationsmanagement

Für die Maßnahme Kommunikationsmanagement konnten folgende Ergebnisse ermittelt werden:

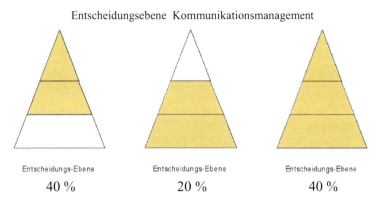

Abbildung 30: Entscheidungsebene der Maßnahme Kommunikationsmanagement

Jeweils 40 % der Befragten sind der Meinung, die Entscheidung über den Einsatz von Kommunikationsmanagement fällt auf strategischer, administrativer und operativer bzw. auf strategischer und administrativer Ebene. Für die administrative und operative Ebene als Entscheidungsinstanz hat sich einer der befragten Experten entschieden.

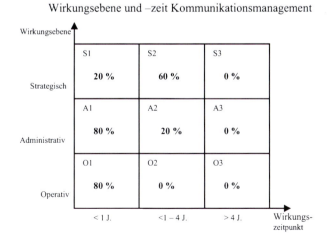

Abbildung 31: Wirkungsebene und -zeit der Maßnahme Kommunikationsmanagement

Eine administrativ und operativ kurzfristige Wirkung der Maßnahme Kommunikationsmanagement im Unternehmen sehen jeweils 80 % der befragten Experten. Drei Experten glauben an eine strategisch mittelfristige Wirkung der Maßnahme.

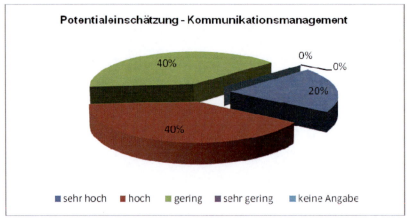

Abbildung 32: Potentialeinschätzung der Maßnahme Kommunikationsmanagement

Auch die Maßnahme Kommunikationsmanagement bleibt der Studie erhalten und wird in der zweiten Befragungsrunde nochmals berücksichtigt, da 40 % das Potential mit hoch und 20 % mit sehr hoch eingestuft haben.

Anwendungsbeispiele

strategisch kurzfristig:
- Einsatz von Videokonferenzsystemen

strategisch mittelfristig:
- Integrationsprozesse bei Firmenübernahmen und daraus abzuleitende „Markt"-Strategien (neue Marktbearbeitung)
- Priorisierung der Projekte

administrativ kurzfristig:
- Priorisierung der Projekte
- Einsatz von Videokonferenzsystemen
- Kostenersparnis durch „IT-gestützte" Kommunikationseinrichtungen

administrativ mittelfristig:
- Einsatz von Web 2.0 bzw. Enterprise 2.0 Lösungen
- Weiterentwicklung der bestehenden eSales und EDI Lösungen zur Angebots- und Auftragsoptimierung

operativ kurzfristig:
- Steigerung der Reaktionszeit durch zeitnahes Wissen
- Einsatz von Videokonferenzsystemen

- Einsatz von VoIP-Lösungen für Telefonie weltweit
- Einsatz von Smartphones mit hoher Durchdringung zur mobilen Kommunikation
- Einheitliche Internetplattform für alle Töchterunternehmen weltweit
- Remote-Schulungen (für Mitarbeiter und Kunden) durchführen
- Mobilität
- Nutzung der verschiedenen Kommunikationsinstrumente

operativ mittelfristig:
- Mobilität

4.1.1.7 Monitoring

Für die Maßnahme Monitoring konnten folgende Ergebnisse ermittelt werden:

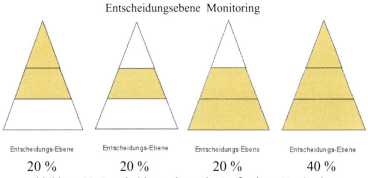

Abbildung 33: Entscheidungsebene der Maßnahme Monitoring

Zwei Experten treffen die Entscheidung über den Einsatz von Monitoring auf strategischer, administrativer und operativer Ebene. Für die weiteren Auswahlmöglichkeiten hat sich jeweils einer der beteiligten Fachexperten entschieden.

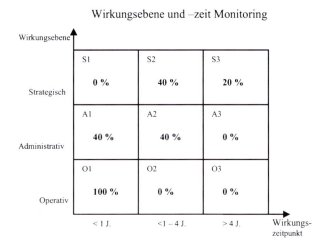

Abbildung 34: Wirkungsebene und -zeit der Maßnahme Monitoring

Alle Experten sehen eine operativ kurzfristige Unternehmenswirkung bei der Maßnahme Monitoring. Jeweils zwei Experten glauben ferner, dass Monitoring auch strategisch mittelfristig und administrativ kurz- und mittelfristig wirkt.

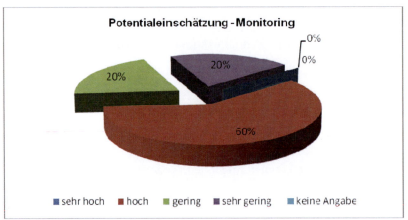

Abbildung 35: Potentialeinschätzung der Maßnahme Monitoring

Das Potential der Maßnahme Monitoring wird von drei Experten als hoch eingestuft und somit in der zweiten Befragungsrunde wieder berücksichtigt.

Anwendungsbeispiele

strategisch mittelfristig:
- Priorisierung der Projekte

administrativ kurzfristig:
- Priorisierung der Projekte

administrativ mittelfristig:
- Konsolidierung der bestehenden Monitoringtools und Einsatz einer Plattform zur Überwachung der IT-Services
- Erhöhung der proaktiven Information bei (potentiellen) kritischen Systemzuständen durch ein Alerting (bevorzugt über Telefonanrufe)

operativ kurzfristig:
- Auswahl des aktuell benötigten Monitoring Tools
- Erweitern der IT-Bereitschaft für verschiedene Standorte und Zeitzonen
- Früherkennung von Problemen durch Monitoring
- Minimierung von Ausfallzeiten durch koordinierte IT-Bereitschaft

4.1.1.8 IT-Personalmanagement

Für die Maßnahme IT-Personalmanagement konnten folgende Ergebnisse ermittelt werden:

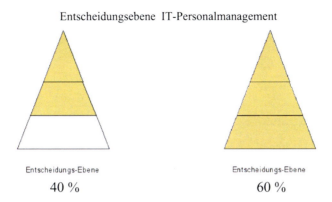

Abbildung 36: Entscheidungsebene der Maßnahme IT-Personalmanagement

Die Mehrheit der befragten Experten trifft die Entscheidung über den Einsatz dieser Maßnahme auf strategischer, administrativer und operativer Ebene.

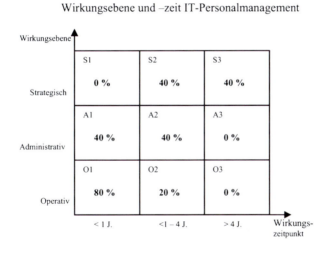

Abbildung 37: Wirkungsebene und -zeit der Maßnahme IT-Personalmanagement

Jeweils zwei der fünf Experten sehen eine strategisch mittel- und langfristige sowie eine administrativ kurz- und mittelfristige Wirkung der Maßnahme IT-Personalmanagement. An eine operativ kurzfristige Wirkung im Unternehmen glauben vier der fünf befragten Experten.

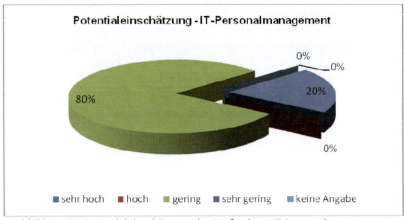
Abbildung 38: Potentialeinschätzung der Maßnahme IT-Personalmanagement

Da 80 % der Experten die Meinung vertreten, dass das Potential der Maßnahme IT-Personalmanagement im Zusammenhang mit der Wirtschaftkrise gering ist, scheidet diese aus der Studie aus.

Anwendungsbeispiele

strategisch mittelfristig:
- Welche Aufgaben sollen in der IT wahrgenommen werden? (z. B. Geschäftsprozessmanagement)
- Erstellung eines Personalentwicklungskonzeptes im Kontext mit der strategischen Ausrichtung

strategisch langfristig:
- Umsetzung eines weltweiten Fachkarrieremodells für nationale und internationale IT-Experten

administrativ kurzfristig:
- Priorisierung des Personaleinsatz

administrativ mittelfristig:
- Umsetzung des Fachkarrieremodells in der zentralen IT

operativ kurzfristig:
- konkreter Einsatz von Mitarbeitern
- Personalbedarfsanalyse und Personalplanung im Zuge der jährlichen Budgetierungsprozesse
- Steigerung der Supportqualität
- Steigerung der Reaktionsgeschwindigkeit

4.1.1.9 Service-Level-Agreement

Für die Maßnahme Service-Level-Agreement konnten folgende Ergebnisse ermittelt werden:

Abbildung 39: Entscheidungsebene der Maßnahme Service-Level-Agreement

Dass der Einsatz der Maßnahme Service-Level-Agreement im Unternehmen auf strategischer und administrativer Ebene getroffen wird, glauben zwei der fünf befragten Experten. Auf die restlichen Auswahlmöglichkeiten entfällt jeweils ein Experte.

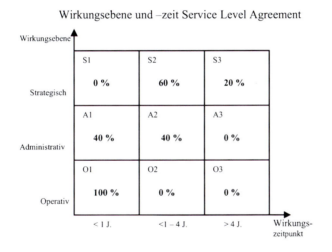

Abbildung 40: Wirkungsebene und -zeit der Maßnahme Service-Level-Agreement

Wiederum einig waren sich die Befragten bei der operativ kurzfristigen Wirkung von Service-Level-Agreements im Unternehmen. 60 % sehen auch eine strategisch mittelfristige und je zwei Experten eine administrativ kurz- und mittelfristige Wirkung.

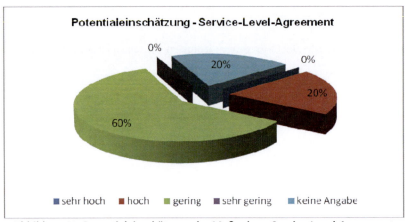
Abbildung 41: Potentialeinschätzung der Maßnahme Service-Level-Agreement

Wie die Maßnahme IT-Personalmanagement wird auch Service-Level-Agreement aus der Studie ausscheiden, da die Mehrheit der Experten das Potential der Maßnahme nur als gering einstuft.

Anwendungsbeispiele

strategisch mittelfristig:
- kontinuierliche Verbesserung der SLAs
- Priorisierung der erforderlichen Projekte

strategisch langfristig:
- SLAs für alle von der IT angebotenen IT-Services

administrativ kurzfristig:
- konkrete Steuerung von Leistungen

administrativ mittelfristig:
- permanente Aktualisierung und Erweiterung der SLAs, OLAs und UCs

operativ kurzfristig:
- Systemverfügbarkeit
- zwingende SLA-Vereinbarung bei Einführung eines betriebskritischen Services

4.1.1.10 IT-Sicherheitsmanagement

Für die Maßnahme IT-Sicherheitsmanagement konnten folgende Ergebnisse ermittelt werden:

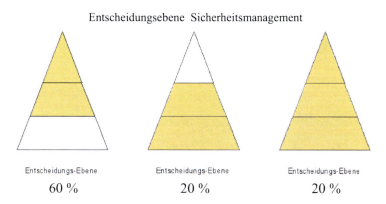

Abbildung 42: Entscheidungsebene der Maßnahme Sicherheitsmanagement

Drei von fünf Experten sehen die strategische und administrative Ebene als Entscheidungsinstanz für den Einsatz von IT-Sicherheitsmanagement im Unternehmen. Ein Experte ist der Meinung, die Entscheidung betrifft alle drei Ebenen und für die administrative und operative Ebene hat sich ein weiterer Experte ausgesprochen.

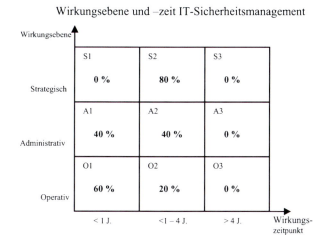

Abbildung 43: Wirkungsebene und -zeit der Maßnahme IT-Sicherheitsmanagement

Beim IT-Sicherheitsmanagement wurde speziell die strategisch mittelfristige Wirkung hoch eingeschätzt – 80 % der Experten haben diese Auswahl getroffen. An eine operativ kurzfristige Wirkung glauben drei Experten und jeweils 40 % sind noch der Meinung, dass die Maßnahme weiters administrativ kurz- und mittelfristig im Unternehmen wirkt.

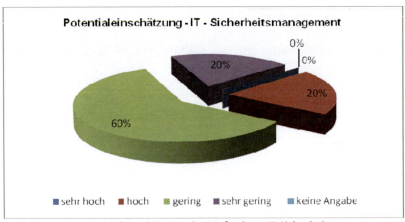
Abbildung 44: Potentialeinschätzung der Maßnahme IT-Sicherheitsmanagement

80 % der Befragten sehen geringes bzw. sehr geringes Potential in dieser Maßnahme, daher wird das IT-Sicherheitsmanagement in der Studie nicht mehr berücksichtigt. Ein Experte sieht in der Maßnahme „IT-Sicherheitsmanagement" im Zusammenhang mit der Wirtschaftskrise hohes Potential.

Anwendungsbeispiele

strategisch mittelfristig:
- Verbot von riskanten Services

administrativ kurzfristig:
- Allokation von Ressourcen

administrativ mittelfristig:
- Umsetzung der unternehmensweiten IT-Security Policy

operativ kurzfristig:
- Sicherheitsfeatures bei der täglichen Arbeit (Virenscan, usw.)
- Weiterentwicklung der IT-Security Policy
- permanente Bewusstseinsbildung bei den Anwendern zum Thema IT-Security
- Angebot von weltweiten Security-Schulungen für die IT-Mitarbeiter
- mehrstufiges Security-Konzept in allen IT-Infrastrukturkomponenten
- Durchführung von IT-Security Audits

4.1.1.11 Virtualisierung

Für die Maßnahme Virtualisierung konnten folgende Ergebnisse ermittelt werden:

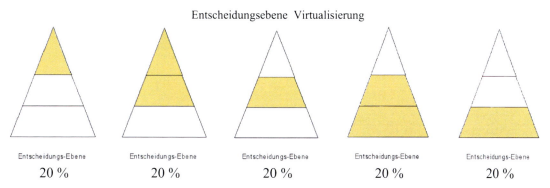

Abbildung 45: Entscheidungsebene der Maßnahme Virtualisierung

Erstmals in der Studie waren sich die Experten im Ergebnis untereinander völlig uneinig. Jeder Experte sah die Entscheidungsebene der Maßnahme Virtualisierung unterschiedlich.

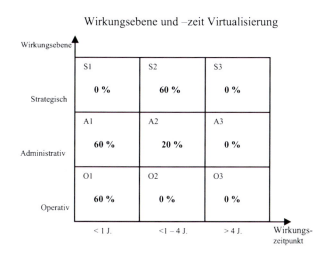

Abbildung 46: Wirkungsebene und -zeit der Maßnahme Virtualisierung

Jeweils 60 % sind der Meinung, dass die Maßnahme Virtualisierung strategisch mittelfristig, administrativ und operativ kurzfristig wirkt.

Abbildung 47: Potentialeinschätzung der Maßnahme Virtualisierung

Vier Experten sind einer Meinung und stufen das Potential von Virtualisierung gering ein, ein Experte sieht in der Maßnahme sehr hohes Potential. Die Maßnahme scheidet aufgrund dieses Ergebnisses jedoch aus der Studie aus.

Anwendungsbeispiele

strategisch mittelfristig:
- flexible und rasche Bereitstellung von verschiedenen Systemen

administrativ kurzfristig:
- Auswahl von geeigneten Virtualisierungsmöglichkeiten

administrativ mittelfristig:
- Kostenersparnis

operativ kurzfristig:
- Server- und Desktop-Virtualisierung
- Storagevirtualisierung

4.1.1.12 Vertragsmanagement

Für die Maßnahme Vertragsmanagement konnten folgende Ergebnisse ermittelt werden:

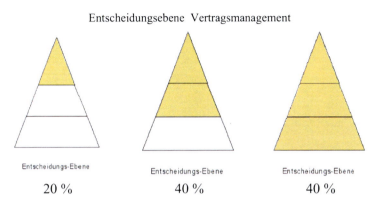

Abbildung 48: Entscheidungsebene der Maßnahme Vertragsmanagement

Wie auch bei anderen Maßnahmen dieser Studie sind jeweils 40 % der Meinung, die Entscheidungsgrundlage für den Einsatz von Vertragsmanagement fällt auf strategischer, administrativer und operativer bzw. auf strategischer und administrativer Ebene. Die strategische Ebene als Entscheidungsinstanz sieht einer der befragten Experten.

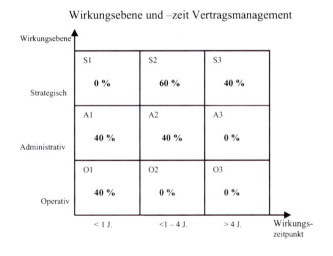

Abbildung 49: Wirkungsebene und -zeit der Maßnahme Vertragsmanagement

Die Wirkung der Maßnahme Vertragsmanagement im Unternehmen sehen 60 % der Experten im strategisch mittelfristigen Bereich. Jeweils zwei Experten haben sich weiteres für eine strategisch langfristige, administrativ kurz- und mittelfristige sowie für eine operativ kurzfristige Wirkung entschieden.

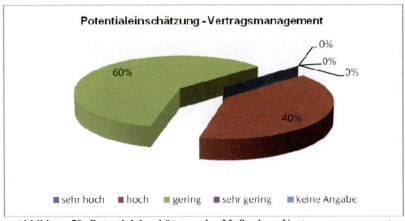

Abbildung 50: Potentialeinschätzung der Maßnahme Vertragsmanagement

Auch das Potential der Maßnahme Vertragsmanagement wird mehrheitlich als gering eingeschätzt. Obwohl zwei Experten in dieser Maßnahme ein hohes Potential sehen, wird diese in der zweiten Befragungsrunde nicht mehr berücksichtigt.

Anwendungsbeispiele

administrativ kurzfristig:
- Vertragsverhandlung in konkreten Projekten
- Abbildung aller IT-Verträge in einem IT-Service-Management-Tool

operativ kurzfristig:
- laufende Überprüfung von Verträgen, insbesondere bei anstehenden Verlängerungen bzw. Neuverhandlungen mit Partnern und Lieferanten

4.1.1.13 Fazit der ersten Befragungsrunde

Die Durchführung der ersten Befragungsrunde verlief großteils nach Plan und konnte erfolgreich abgeschlossen werden. Zwei Experten konnten die gesetzte Deadline nicht einhalten und somit verzögerte sich die Auswertung der Ergebnisse. Ein Experte bemängelte den Zeitaufwand, der zum Ausfüllen des Fragebogens notwendig war. Sehr enttäuschend war allerdings die Rücklaufquote der ersten Runde. Nur fünf Experten (50 % der Experten, die eine Teilnahme an der Studie zugesagt haben) haben den Fragebogen retourniert. Die schlechte Rücklaufquote lässt sich mit dem hohen Arbeitsaufwand der IT-Experten im Unternehmen begründen. Vier Experten haben diesen Grund für das Ausscheiden aus der Studie angegeben. Ein Experte war leider nicht mehr erreichbar. Die erste Befragungsrunde konnte trotz alledem als Erfolg betrachtet werden und brachte spannende und überraschende Resultate.

Anwendungsbeispiele:

Ein zentrales Ziel der ersten Befragungsrunde waren die Anwendungsbeispiele, mit denen die Experten ihre Einteilung in die Entscheidungs- und Wirkungsmatrix begründeten. Dieses Ziel wurde gänzlich erreicht, da jeder Experte seine Entscheidung durch Beispiele untermauert hat. Daraus resultieren sehr interessante Daten für die Untersuchung, da eben diese Anwendungsbeispiele nur sehr begrenzt durch die Literatur ermittelt werden konnten.

Entscheidungsebene:

Ein interessantes Detail zeigte sich in den Ergebnissen der Zuordnung in die entsprechenden Entscheidungsebenen im Unternehmen. Bei mehreren Maßnahmen sind die Experten überzeugt, dass in den Entscheidungsprozess alle drei Ebenen im Unternehmen involviert sind. Das konnte so bei keiner Maßnahme aus der Literatur entnommen werden und deckt sich nicht mit der Einteilung des Autors.

4.1.1.14 Beantwortung der dritten Forschungsfrage

In diesem Kapitel wird die dritte Forschungsfrage beantwortet: **Welche Maßnahme hat das Potential, im Zusammenhang mit der Weltwirtschaftskrise ein Unternehmen zu unterstützen?**

Sehr überraschend war das Ergebnis der Potentialeinschätzung im Kontext mit der Wirtschaftskrise 2008/2009. Folgende Maßnahmen erfüllen das Kriterium, das für eine erneute Berücksichtigung in der zweiten Befragungsrunde notwendig war:

- IT-Strategie
- Geschäftsprozessmanagement
- IT-Kostenmanagement
- Kommunikationsmanagement
- Montioring

Diese fünf Maßnahmen erfüllen unter anderem Aspekte wie Kostenreduktion oder Nachhaltigkeit.

Potentialeinschätzung im Kontext zu Kostenreduktion

Nicht berücksichtigt von den Experten wurden Maßnahmen wie *Virtualisierung, Green IT oder Sicherheitsmanagement*. Jene Maßnahmen, von denen der Autor überzeugt war, sie würden auch im zweiten Fragebogen berücksichtigt werden. Weiter geht aus der Literatur hervor, dass Maßnahmen wie *Service-Level-Agreement, Sicherheitsmanagement* oder *Vertragsmanagement* den Aspekt der Kosteneinsparung bereits während der Krise erfüllen können. Das Resultat der Wirkungsebene und -zeit zeigt, dass einzelne Experten an eine administrative und/oder operative kurzfristige Wirkung glauben. Verwunderlich also, dass trotzdem die Mehrheit der Experten in diesen Maßnahmen kein oder nur geringes Potential im Zusammenhang mit der Wirtschaftskrise sieht.

Potentialeinschätzung im Kontext zu Nachhaltigkeit

Betrachtet man das Ergebnis unter dem Aspekt der „Nachhaltigkeit", zeigt sich ebenfalls ein deutliches Bild. *Green IT* (siehe Kapitel 3.3.3) beispielsweise kann zur Imageverbesserung des Unternehmens beitragen und schafft Nachhaltigkeit. Nachhaltig wirkende Maßnahmen steigern unter anderem die Zufriedenheit der Mitarbeiter, das ist z. B. beim *Monitoring*, dem *Sicherheitsmanagement* oder der *Virtualisierung* der Fall. Trotzdem wurde von diesen Maßnahmen nur das *Monitoring* von den Experten berücksichtigt.

Potentialeinschätzung im Kontext zu Vorteilen

Potential im Zusammenhang mit der Wirtschaftskrise sah der Autor nach der Literaturanalyse auch bei den Maßnahmen *Service-Level-Agreement, Benchmarking* oder *Vertragsmanagement*. Durch die Umsetzung dieser Maßnahmen können sich bereits während einer schwierigen wirtschaftlichen Zeit Vorteile ergeben, die dem Unternehmen nach einer Krise zugutekommen würden. Beispielsweise kann diese Zeit genützt werden, um den Vertragsbestand im Unternehmen zu optimieren (siehe Kapitel 3.3.12) oder *Service-Level-Agreements* (siehe Kapitel 3.3.9) zu integrieren. Keine dieser Maßnahmen hat es in die zweite Runde geschafft.

Interview Thomas Klammer

Eine zentrale Frage im Interview war, warum gewisse Maßnahmen für die zweite Befragungsrunde nicht berücksichtigt wurden. Da Herr Klammer in der ersten Runde bei den Maßnahmen Virtualisierung und Green IT das Potential nur mit der Einschätzung „gering" beantwortete, haben wir über diese Maßnahmen gesprochen. Herr Klammer erwähnt in diesem Zusammenhang, dass die Firma Fronius die Auswirkungen der Wirtschaftskrise zwar gespürt hat, dies aber keine Auswirkung auf die IT-Strategie des Unternehmens hatte und daher durch Green IT oder Virtualisierung keine zusätzlichen Potentiale gesehen wurden. Virtualisierung wurde bei Fronius bereits vor der Wirtschaftskrise 2008/2009 eingesetzt und man konnte im Kontext zur Krise kein Verbesserungspotential identifizieren.

Green IT ist für Herrn Klammer schon länger ein Thema, jedoch fehlt für ihn bis heute der Nachweis, dass ein Einsparungspotential durch Green IT vorliegt. Untersuchungen belegen, dass derartige Maßnahmen einen ROI von mehr als 10 Jahren haben und somit für das Management nicht interessant sind. Herr Klammer erwähnt jedoch, dass Green IT im Kontext zur Imageverbesserung (Umweltschutz) durchaus sehr interessant ist. Das deckt sich auch mit Ansätzen aus der Literatur. Widerlegt ist nach Einschätzung von Herrn Klammer, dass mit Green IT vergleichsweise schnell Kosten eingespart werden können. In Zusammenhang mit der Wirtschaftskrise 2008/2009 bietet Green IT kein Einsparungspotential. Er erwähnt in diesem Zusammenhang, dass es in wirtschaftlichen turbulenten Zeiten im Wesentlichen eine Message gibt: Kosten einsparen - Kosten reduzieren.

Auf die Frage zum Thema „Hype Cloud Computing" glaubt Herr Klammer, dass das Thema erst nach Abflauen der Krise zum Hype gemacht wurde und erst jetzt richtig beginnt. Er erwähnt aber auch, dass es hier noch zu wenig an Definition gibt (siehe Kapitel 5).

Auch Service-Level-Agreement spielt bei Fronius eine Rolle (siehe Kapitel 5) – jedoch nicht unter dem Aspekt Kostenersparnis im Zusammenhang mit der Wirtschaftskrise. Daher hat laut Einschätzung von Herrn Klammer, auch diese Maßnahme nicht den Sprung in die zweite Befragungsrunde geschafft.

4.1.2 Zweite Befragungsrunde

Die Auswertung resultiert aus den erhaltenen Fragebögen der zweiten Befragungsrunde der Delphi-Studie. Die Fragebögen wurden von den gleichen Experten beantwortet, die bereits an der ersten Befragungsrunde teilgenommen haben. Bei der Frage „Entscheidungsebene" und „Matrix Wirkungsebene und -zeit" waren Mehrfachnennungen der Antworten möglich. Die Ergebnisse aus der ersten Runde werden jenen aus der zweiten Runde gegenübergestellt. So wird ersichtlich, ob und wie sich das Ergebnis – durch das Feedback der ersten Runde und der Literaturanalyse des Autors – verändert hat.

Mehrfachantworten waren auch bei der Frage nach der „Kostenreduktion" möglich. Die Fragen „Wertsteigerung IT" und „Umsetzung im Unternehmen" waren Ja/Nein-Fragen.

Die Auswertung der Vorteile (Bewertung nach dem Schulnotensystem) wurde anhand der Mittelwertberechnung (MW) vorgenommen. Zusätzlich wurden die Standardabweichung (STABW) und der Median ermittelt. Informationen zur zweiten Runde und den Fragebogen findet man im Anhang.

4.1.2.1 IT-Strategie

Für die Maßnahme IT-Strategie konnten folgende Ergebnisse ermittelt werden:

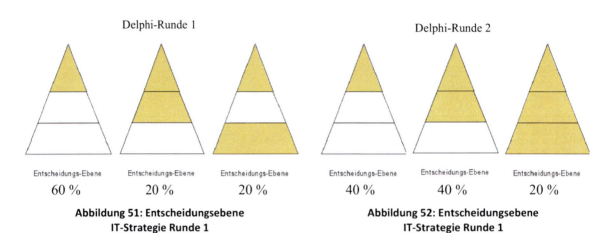

Abbildung 51: Entscheidungsebene IT-Strategie Runde 1

Abbildung 52: Entscheidungsebene IT-Strategie Runde 1

Waren nach der ersten Befragungsrunde noch drei Experten der Meinung, dass die Maßnahme IT-Strategie auf strategischer Ebene im Unternehmen entschieden wird, haben sich in der zweiten Befragungsrunde nur mehr zwei Experten dafür entschlossen. Für die strategische und administrative Ebene haben sich ebenso zwei Experten ausgesprochen. Dass die Entscheidung auf allen drei Ebenen getroffen wird, glaubt ein Experte.

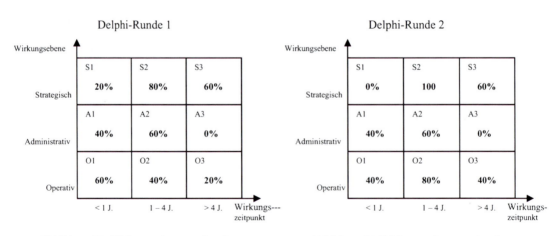

Abbildung 53: Wirkungsebene und -zeit IT-Strategie Runde 1

Abbildung 54: Wirkungsebene und -zeit IT-Strategie Runde 2

Speziell im operativen Bereich gibt es zwischen der ersten und zweiten Befragungsrunde klare Unterschiede. 80 % der Experten geben an, dass die Maßnahme IT-Strategie auf operativer Ebene mittelfristig wirkt (in der ersten Befragungsrunde waren es 40 %). Der Anteil der operativ kurzfristigen Wirkung hat sich von 60 % auf 40 % reduziert. Alle Experten sind in der zweiten Runde überzeugt, dass die Maßnahme auf strategischer Ebene mittelfristig wirkt. An eine strategisch kurzfristige Wirkung glauben die Experten nicht mehr (20 % waren es noch in der ersten Befragungsrunde).

Abbildung 55: Kostenreduktion IT-Strategie

80 % der Befragten sind der Meinung, dass durch die Maßnahme IT-Strategie die Kosten im Unternehmen und in der IT-Abteilung reduziert werden können. Ein Experte erwartet durch die Implementierung einer IT-Strategie im Unternehmen - nicht aber in der IT-Abteilung - eine Kostenreduktion.

Abbildung 56: wertsteigernder Einsatz durch IT-Strategie

Alle Experten glauben, dass die IT mittels der Maßnahme IT-Strategie im Unternehmen wertsteigernd eingesetzt werden kann.

Abbildung 57: Umsetzung IT-Strategie

In jedem Unternehmen der teilnehmenden Experten existiert eine IT-Strategie. Ein Experte gibt an, dass es sich bei der Umsetzung um einen kontinuierlichen Prozess handelt.

Bewertung möglicher Vorteile:	MW	STABW	Median
Ausrichtung der IT auf das Unternehmensziel	1,2	0,45	1
positive Auswirkung auf das Top-Management (klare Entscheidungsprozesse, agieren statt reagieren)	2,4	1,67	2
Rahmenbedingungen für selbstständiges und eigenverantwortliches Handeln	1,8	0,84	2
durch die notwendige Mitarbeit des Top-Management wird die Bedeutung der IT erkannt	1,8	1,30	1

Tabelle 5: Bewertung Vorteile IT-Strategie

4.1.2.2 Geschäftsprozessmanagement

Für die Maßnahme Geschäftsprozessmanagement konnten folgende Ergebnisse ermittelt werden:

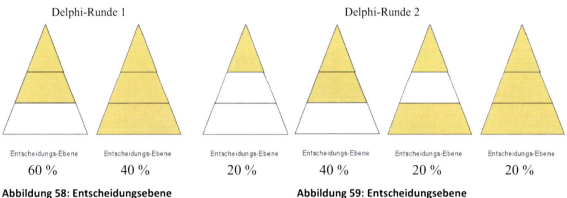

Abbildung 58: Entscheidungsebene GPM Runde 1

Abbildung 59: Entscheidungsebene Geschäftsprozessmanagement Runde 2

Auch bei dieser Maßnahme gibt es zwischen erster und zweiter Befragungsrunde überraschende Unterschiede. Waren in der ersten Runde noch drei Experten überzeugt, die Entscheidung erfolgt im Unternehmen auf strategischer und administrativer Ebene, sind es in der zweiten Runde nur mehr zwei Experten. An eine Entscheidung auf allen drei Ebenen im Unternehmen glaubt in der zweiten Runde kein Experte mehr (in der ersten Runde waren es noch zwei Experten).

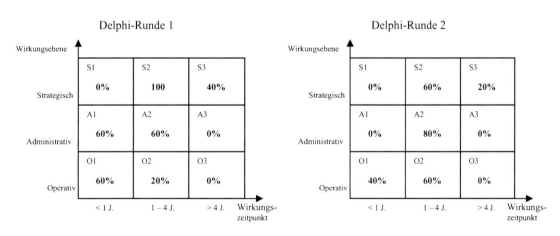

Abbildung 60: Wirkungsebene und –zeit Geschäftsprozessmanagement Runde 1

Abbildung 61: Wirkungsebene und –zeit Geschäftsprozessmanagement Runde 2

Die zweite Befragungsrunde zeigt deutlich, dass die Experten hauptsächlich an eine strategische, administrative und operative mittelfristige Wirkung im Unternehmen glauben. Waren in der ersten Runde noch 60 % der Experten überzeugt, die Maßnahme wirke administrativ kurzfristig, glaubt in der zweiten Runde kein Experte mehr daran.

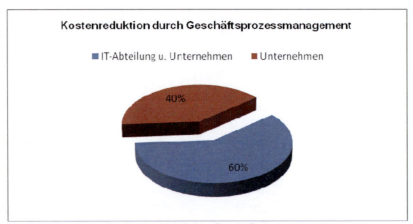

Abbildung 62: Kostenreduktion Geschäftsprozessmanagement

60 % der Experten erwarten durch die Maßnahme Geschäftsprozessmanagement in der IT-Abteilung und im Unternehmen eine Senkung der Kosten. Zwei Experten sind der Ansicht, dass sich eine Kostenreduktion nicht auf die IT-Abteilung auswirken wird, jedoch auf das Unternehmen.

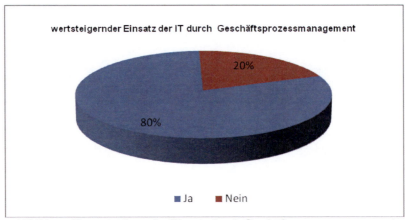

Abbildung 63: wertsteigernder Einsatz durch Geschäftsprozessmanagement

Vier Experten glauben, dass durch Geschäftsprozessmanagement ein wertsteigernder Einsatz der IT im Unternehmen erzielt werden kann.

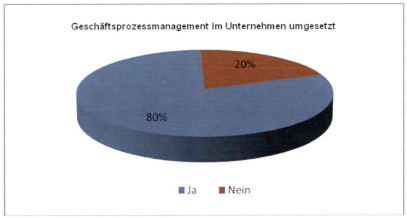

Abbildung 64: Umsetzung Geschäftsprozessmanagement

Geschäftsmanagement wird in vier Unternehmen bereits eingesetzt. Im fünften Unternehmen wird derzeit ein Einsatz überlegt.

Bewertung möglicher Vorteile:	MW	STABW	Median
Identifizierung von Kostentreibern	1,8	0,45	2
Fokus auf Kernkompetenz durch Prozessidentifikation	1,6	0,89	1
Kostenreduktion	2,2	0,45	2
positive Veränderung der Unternehmenskultur	2,6	1,52	2
höhere Mitarbeitermotivation	2,8	0,84	3
Produktivitätssteigerung durch Laufzeitoptimierung	2,0	0,71	2

Tabelle 6: Bewertung Vorteile Geschäftsprozessmanagement

4.1.2.3 IT-Kostenmanagement

Für die Maßnahme IT-Kostenmanagement konnten folgende Ergebnisse ermittelt werden:

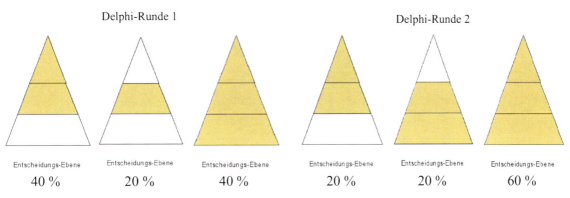

Abbildung 65: Entscheidungsebene IT-Kostenmanagement Runde 1

Abbildung 66: Entscheidungsebene IT-Kostenmanagement Runde 2

Wenig änderte sich bei der Meinung über die Maßnahme IT-Kostenmanagement gegenüber erster und zweiter Befragungsrunde. 60 % der teilnehmenden Experten gaben an, dass die Maßnahme auf strategischer, administrativer und operativer Ebene im Unternehmen entschieden wird (40 % waren in der ersten Runde dieser Meinung).

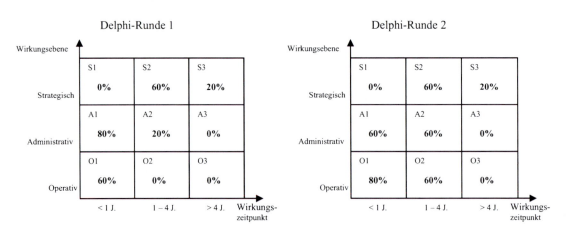

Abbildung 67: Wirkungsebene und -zeit IT-Kostenmanagement Runde 1

Abbildung 68: Wirkungsebene und -zeit IT-Kostenmanagement Runde 2

Die auffälligsten Unterschiede zwischen den Befragungsrunden findet man im administrativen und operativen Bereich. Drei Experten glauben in der zweiten Runde an eine administrativ mittelfristige Wirkung im Unternehmen (in Runde eins war nur ein Experte dieser Meinung). Noch deutlicher fällt der Unterschied in der operativ mittelfristigen Wirkung aus. In der ersten Runde glaubte kein Experte an diese Wirkung, in Runde zwei sind es 60 % der Teilnehmer.

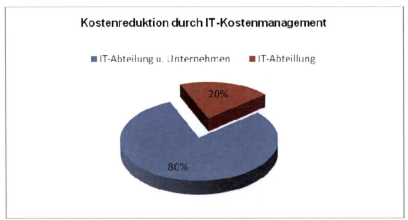

Abbildung 69: Kostenreduktion IT-Kostenmanagement

Durch den Einsatz von IT-Kostenmanagement erwarten 80 % der Befragten eine Senkung der Kosten in der IT-Abteilung und im Unternehmen. Ein Experte ist überzeugt, dass sich die Kosten nur in der IT-Abteilung senken lassen.

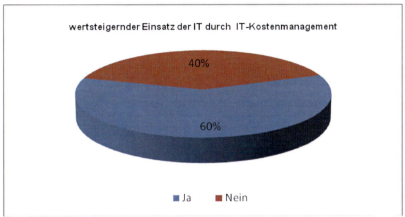

Abbildung 70: wertsteigernder Einsatz durch IT-Kostenmanagement

40 % der Experten sehen keinen wertsteigernden Einsatz der IT durch die Realisierung der Maßnahme IT-Kostenmanagement im Unternehmen. An einen wertsteigernden Einsatz glauben immerhin drei Experten.

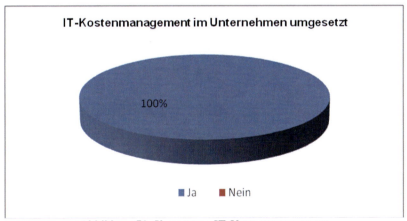

Abbildung 71: Umsetzung IT-Kostenmanagement

In allen Unternehmen der teilnehmenden Experten wurde die Maßnahme IT-Kostenmanagement bereits umgesetzt.

Bewertung möglicher Vorteile:	MW	STABW	Median
Kosten- und Leistungstransparenz für Management	1,4	0,55	1
Kosten- und Leistungstransparenz für Anwender	2,2	0,84	2
Kostenbewusstsein wird gesteigert	1,6	0,55	2
„versteckte" IT-Kosten identifizieren	2,4	0,89	2

Tabelle 7: Bewertung Vorteile IT-Kostenmanagement

4.1.2.4 Kommunikationsmanagement

Für die Maßnahme Kommunikationsmanagement konnten folgende Ergebnisse ermittelt werden:

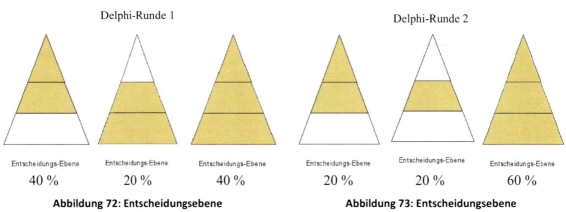

Abbildung 72: Entscheidungsebene Kommunikationsmanagement Runde 1

Abbildung 73: Entscheidungsebene Kommunikationsmanagement Runde 2

Auch bei dieser Maßnahme hat es zwischen den Befragungsrunden nur geringe Änderungen gegeben. Die Mehrheit der Experten glaubt in der zweiten Runde, dass die Realisierungsentscheidung dieser Maßnahme auf allen drei Entscheidungsebenen im Unternehmen getroffen wird.

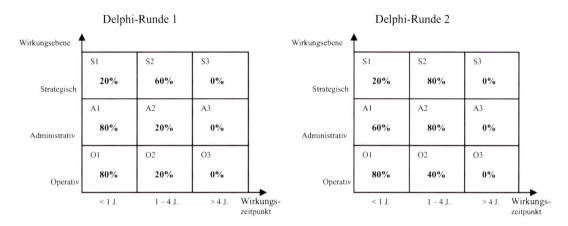

Abbildung 74: Wirkungsebene und -zeit Kommunikationsmanagement Runde 1

Abbildung 75: Wirkungsebene und -zeit Kommunikationsmanagement Runde 2

Den deutlichsten Unterschied zwischen erster und zweiter Befragungsrunde findet man, wenn man auf die administrative mittelfristige Wirkung der Maßnahme Kommunikationsmanagement blickt. Vier Experten sind von einer diesbezüglichen Wirkung überzeugt (in der ersten Runde war es lediglich ein Experte).

Abbildung 76: Kostenreduktion Kommunikationsmanagement

An eine mögliche Kostenreduktion im Unternehmen durch den Einsatz der Maßnahme Kommunikationsmanagement glauben 60 % der Experten. Zwei der Befragten sehen zusätzlich in der IT-Abteilung Kosteneinsparungspotential durch diese Maßnahme.

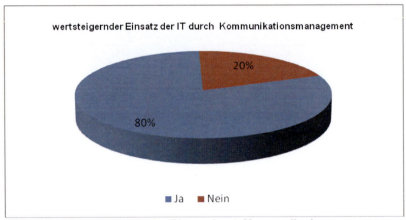

Abbildung 77: wertsteigernder Einsatz durch Kommunikationsmanagement

Vier Experten sind überzeugt, dass durch Kommunikationsmanagement ein wertsteigernder Einsatz der IT im Unternehmen ermöglicht wird.

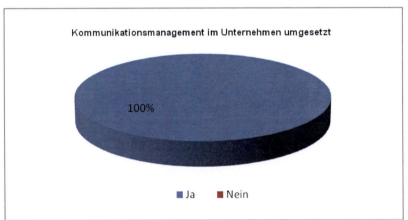

Abbildung 78: Umsetzung Kommunikationsmanagement

Jedes Unternehmen der befragten Experten setzt Kommunikationsmanagement bereits im

Bewertung möglicher Vorteile:	MW	STABW	Median
Kostenreduktion (z. B. Reise- und Telefonkosten)	1,8	0,45	2
Zeitersparnis	1,6	0,55	2
Umweltgedanke	2,8	0,84	3
Produktivitätssteigerung	2,2	0,45	2
Reduktion von physischer und psychischer Belastung, da keine Trennung von Familie und sozialem Umfeld	2,4	0,89	3

Tagesgeschäft ein.

Tabelle 8: Bewertung Vorteile Kommunikationsmanagement

4.1.2.5 Monitoring

Für die Maßnahme Monitoring konnten folgende Ergebnisse ermittelt werden:

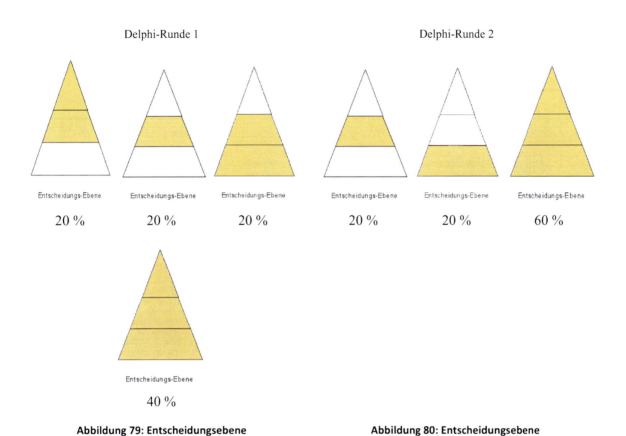

Abbildung 79: Entscheidungsebene Monitoring Runde 1

Abbildung 80: Entscheidungsebene Monitoring Runde 2

Wie bei den Maßnahmen IT-Kostenmanagement und Kommunikationsmanagement, sind auch bei Monitoring 60 % der Experten der Meinung, dass alle drei Ebenen im Unternehmen in den Entscheidungsprozess involviert sind.

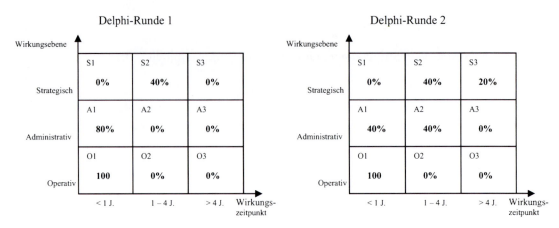

Abbildung 81: Wirkungsebene und -zeit Monitoring Runde 1

Abbildung 82: Wirkungsebene und -zeit Monitoring Runde 2

In der zweiten Runde sind wiederum alle Experten überzeugt, die Maßnahme wirke operativ kurzfristig im Unternehmen. Für eine administrativ kurzfristige Wirkung stimmten in der ersten Runde zwei Experten, in der zweiten Runde sind 80 % der Teilnehmer von dieser Wirkung im Unternehmen überzeugt. An eine strategisch langfristige und administrativ mittelfristige Wirkung glaubt in der zweiten Runde kein Experte mehr.

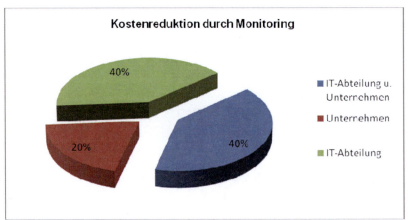

Abbildung 83: Kostenreduktion Monitoring

Zwei Experten glauben, dass sich Kosten durch den Einsatz von Monitoring ausschließlich in der IT-Abteilung senken lassen. Weitere zwei Teilnehmer der Studie sind der Meinung, Kosten können im Unternehmen und in der IT-Abteilung reduziert werden. An ein Einsparungspotential ausschließlich im Unternehmen glaubt ein Experte.

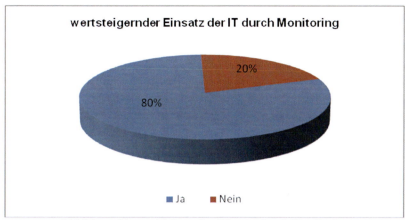

Abbildung 84: wertsteigernder Einsatz durch Monitoring

Vier Experten sind überzeugt, dass durch Monitoring ein wertsteigernder Einsatz der IT im Unternehmen erreicht werden kann. Ein Experte glaubt an keinen wertsteigernden Effekt.

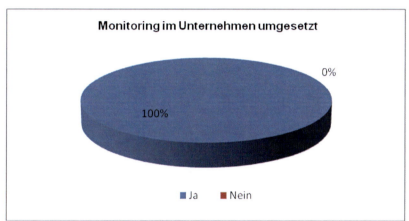

Abbildung 85: Umsetzung Monitoring

Auch die Maßnahme Monitoring wurde bereits in allen fünf Unternehmen der teilnehmenden Experten implementiert.

Bewertung möglicher Vorteile:	MW	STABW	Median
rechtzeitige Erkennung möglicher Probleme	1,0	0,00	1
Transparenz der IT-Infrastruktur	2,2	1,64	2
Kostenersparnis (Engpässe und Ausfälle vermeiden)	1,8	0,45	2
Entscheidungen können durch Datenanalyse begründet werden (gesteigerte Akzeptanz)	2,2	0,84	2

Tabelle 9: Bewertung Vorteile Monitoring

4.1.2.6 Fazit der zweiten Befragungsrunde

Sehr erfreulich war, dass alle fünf Experten an der zweiten Befragungsrunde teilgenommen haben und den Fragebogen retournierten. Die Befragungsrunde konnte so erfolgreich durchgeführt und abgeschlossen werden.

Die Ergebnisse der Einteilung der Maßnahmen in die Entscheidungs- und Wirkungsmatrix zeigen teils deutliche Unterschiede zwischen erster und zweiter Befragungsrunde. Die Auswertung zeigt, dass bei zwei Experten eine starke Abweichung im Antwortverhalten zwischen erster und zweiter Befragungsrunde vorliegt. Ob dabei eine Beeinflussung durch das Literaturergebnis oder das Gruppenfeedback der ersten Runde eine Rolle spielte, kann nicht gänzlich eruiert werden.

Entscheidungsebene

Deutliche Unterschiede zwischen erster und zweiter Runde sind bei den Maßnahmen *IT-Strategie* und *Geschäftsprozessmanagement* zu verzeichnen. Diese Unterschiede kann der Autor nur bedingt nachvollziehen. Bei der Maßnahme *Geschäftsprozessmanagement* entschieden sich in der zweiten Runde plötzlich drei Experten für eine jeweils andere Entscheidungsebene (oder deren Kombination – Mehrfachnennungen waren möglich). Jeweils ein Experte entschied sich dabei für die strategische oder administrative Ebene. Ein weiterer Experte sogar für die strategische und operative Ebene. Dieses Ergebnis ist nicht nachvollziehbar, da weder im Literaturergebnis noch im Gruppenfeedback diese Option vorhanden ist. An einen Entscheidungsprozess über alle drei Ebenen glaubte kein Experte mehr. In Runde eins waren davon noch zwei Experten überzeugt. Warum dieser Sinneswandel?

Interview Thomas Klammer

Herr Klammer hat sich in der zweiten Befragungsrunde nicht vom Feedbackbericht bzw. der Literatureinschätzung des Autors beeinflussen lassen. Die Abweichung in seinem Antwortverhalten zwischen erster und zweiter Befragungsrunde lässt sich auf seine Tätigkeit im Unternehmen zurückführen. Herr Klammer leitete in der zweiten Runde die Einteilung im Kontext zu Fronius ab. Bsp. Geschäftsprozessmanagement: Auf strategischer Ebene wird entschieden, dass eine prozessorientierte Ausrichtung im Unternehmen stattfinden wird. Die Umsetzung (Identifikation, Dokumentation, usw.) erfolgt in der administrativen Ebene. Auf der operativen Ebene wird Geschäftsprozessmanagement im Unternehmen „gelebt".

Herr Klammer hat die Einteilung der Maßnahmen in der zweiten Runde sehr umsetzungsorientiert vorgenommen.

Bei den Maßnahmen IT-Kostenmanagement, Kommunikationsmanagement und Monitoring gab es nur geringe Unterschiede zwischen erster und zweiter Befragungsrunde. Die Tendenz aus der ersten Runde – alle drei Ebenen sind im Entscheidungsprozess involviert – wurde bestätigt.

Wirkungsebene und -zeit

Die Unterschiede zwischen erster und zweiter Befragungsrunde können auf das Feedback bzw. Literaturergebnis zurückgeführt werden und sind dadurch nachvollziehbar. Die direkte Gegenüberstellung von Delphi-Befragung und Literaturanalyse (siehe Kapitel 4.2) zeigt, dass in der Wirkungsmatrix nur geringfügige Unterschiede vorhanden sind. Eine 100%ige Übereinstimmung kann sogar bei zwei Maßnahmen nachgewiesen werden. Daher kann von einer positiven Beeinflussung der Expertenmeinung durch das Literaturergebnis in der zweiten Runde ausgegangen werden.

Kostenreduktion

Die Ergebnisse dieser Frage decken sich mit den Ergebnissen aus der Literatur. Alle Experten bescheinigen den fünf Maßnahmen ein Kostenreduktionspotential. Die genauen Ergebnisse können der grafischen Auswertung entnommen werden.

Umsetzung

Zielsetzung dieser Fragestellung war es, zu eruieren, welche Maßnahmen in den Unternehmen der Experten bereits eingesetzt werden. Beinahe jede Maßnahme wurde bereits in allen Unternehmen erfolgreich integriert. Nur bei der Maßnahme *Geschäftsprozessmanagement* überlegt ein Unternehmen derzeit einen möglichen Einsatz.

Somit kann auch durch dieses Ergebnis ein wesentlicher Punkt aus der Literatur bestätigt werden. Beinahe jede Maßnahme wird in der Literatur aus der IT-Strategie abgeleitet. Dies impliziert natürlich, dass eine IT-Strategie im Unternehmen vorhanden sein muss. In jedem Unternehmen der teilnehmenden Experten existiert eine IT-Strategie.

4.1.2.7 Beantwortung der zweiten Forschungsfrage

In diesem Kapitel wird die zweite Forschungsfrage des Buches beantwortet: ***Mit welcher Maßnahme kann die Informationstechnologie wertsteigernd eingesetzt werden?***

Sehr interessant sind die Ergebnisse zur zweiten Forschungsfrage, da die Mehrheit der Experten jeder Maßnahme der zweiten Runde einen wertsteigernden IT-Einsatz zutraut. Diese Frage war bereits während der Seminararbeit (siehe Kapitel 3.2) ein wesentliches Thema, da die Autoren in vielen Gruppendiskussionen versuchten, eben solche wertsteigernden Maßnahmen zu identifizieren, die das Unternehmen (speziell auch in Krisenzeiten) unterstützen können. Anhand des Delphi-Ergebnisses kann verifiziert werden, dass alle Maßnahmen aus der zweiten Befragungsrunde dieser Anforderung gerecht werden. Eine genaue Definition des Begriffes *IT wertsteigernd einsetzen* erhält man im Kapitel 3.4.1.8.

4.2 Interpretation Literaturanalyse vs. Delphi-Befragung

In diesem Kapitel werden die Ergebnisse der Delphi-Befragung und Literaturanalyse reflektiert. Die direkte Gegenüberstellung der Ergebnisse zeigt, dass keine großen Unterschiede zwischen empirischen und literaturgeleiteten Teil des Buches vorliegen. Die Experten schließen sich weitgehend der Klassifizierung an, die aufgrund der Literaturanalyse bei der jeweiligen Maßnahme vorgenommen wurde. Die Ergebnisse der Delphi-Befragung resultieren aus der zweiten Befragungsrunde.

4.2.1 Beantwortung der ersten Forschungsfrage

In diesem Kapitel wird die erste Forschungsfrage des Buches beantwortet: ***Welche Gemeinsamkeiten bzw. Unterschiede zwischen Literaturanalyse und Delphi-Befragung können identifiziert werden?*** Die Beantwortung wird in den nachstehenden Kapiteln vorgenommen.

4.2.1.1 IT-Strategie

Die gesammelten Ergebnisse aus Literaturanalyse und Delphi-Befragung werden nachstehend zur Maßnahme *IT-Strategie* interpretiert.

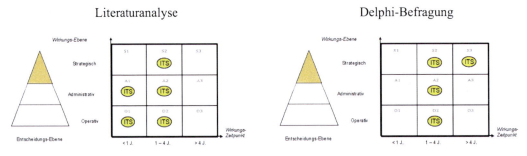

Abbildung 86: Literaturanalyse IT-Strategie **Abbildung 87: Delphi-Befragung IT-Strategie**

Die Annahme nach der Literaturanalyse, dass der Einsatz der Maßnahme *IT-Strategie* im Unternehmen auf strategischer Ebene beschlossen wird, deckt sich mit den Erkenntnissen aus der Delphi-Befragung. Die Experten sehen bei dieser Maßnahme keine kurzfristige Wirkung im Unternehmen, auf der strategischen Ebene allerdings eine langfristige. Die Ergebnisse der Literaturanalyse und der Delphi-Befragung liegen nicht weit auseinander.

Ein wesentlicher Aspekt in der Literatur ist die Ableitung fast aller identifizierten Maßnahmen aus der *IT-Strategie*. Dies setzt voraus, dass eine *IT-Strategie* im Unternehmen vorhanden ist, um die Maßnahmen erfolgreich im Unternehmen umsetzen zu können. Dieser literaturgeleitete Ansatz wird durch das Ergebnis der Studie belegt. Alle Unternehmen, die *Geschäftsprozessmanagement*, *IT-Kostenmanagement*, *Kommunikationsmanagement* und *Monitoring* einsetzen, verfügen auch über eine *IT-Strategie*. Ob die *IT-Strategie* dabei selbst aus der Unternehmensstrategie abgeleitet wurde (ein weiterer Ansatz aus der Literatur), kann durch die Studie nicht zur Gänze belegt werden. Die Vermutung liegt aber nahe, da alle Experten der *IT-Strategie* einen wertsteigernden IT-Einsatz bescheinigen. Das heißt, durch die Maßnahme *IT-Strategie* kann die IT als Enabler für das Geschäft fungieren. Dies bedeutet, dass im Unternehmen Kosten eingespart werden, der Umsatz gesteigert wird und neue Geschäftsfelder erschlossen werden.

Interview Thomas Klammer

Herr Klammer bestätigt, dass viele identifizierte Maßnahmen aus der IT-Strategie bzw. Unternehmensstrategie (z. B. Geschäftsprozessmanagement, IT-Kostenmanagement) abgeleitet werden müssen. Bei Fronius leitet sich die IT-Strategie aus der Unternehmensstrategie ab und die Funktion des IT-Leiters ist im Top-Management integriert.

Eine Erklärung, warum in jedem Unternehmen bereits eine *IT-Strategie* existiert, kann durch die von den Experten bewerteten Vorteile erfolgen. Alle nachstehenden Vorteile wurden von den Experten als „sehr wichtig" und „wichtig" eingestuft. Durch die *IT-Strategie* erfolgt eine Ausrichtung der IT auf das Unternehmensziel. Durch die notwendige Mitgestaltung des Top-Managements, wird die Bedeutung der IT auch in der „Chefetage" erkannt. Durch eine *IT-Strategie* werden klare Rahmenbedingungen für das selbstständige und eigenverantwortliche Handeln formuliert. Auch in der Literatur werden diese Vorteile als besonders wichtig erachtet.

Abschließend kann für die Maßnahme *IT-Strategie* festgehalten werden, dass sich die aus der Literatur abgeleiteten Ergebnisse in vielen Punkten mit den Erkenntnissen der Delphi-Befragung decken.

4.2.1.2 Geschäftsprozessmanagement

Die gesammelten Ergebnisse aus Literaturanalyse und Delphi-Befragung werden nachstehend zur Maßnahme *Geschäftsprozessmanagement* interpretiert.

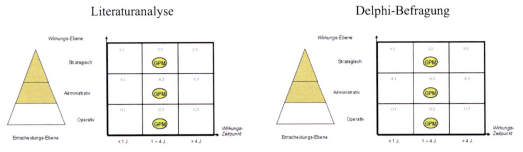

Abbildung 88: Literaturanalyse GPM   **Abbildung 89: Delphi-Befragung GPM**

Die Auswertung der Literaturanalyse und der Delphi-Studie zeigt bei der Maßnahme *Geschäftsprozessmanagement* eine 100%ige Übereinstimmung. Die Maßnahme wird auf strategischer und administrativer Ebene im Unternehmen entschieden und wirkt strategisch, administrativ und operativ mittelfristig.

Dieses Ergebnis belegt die Annahme von [Jobst 2010, S. 64 ff.]. Dieser definiert *Geschäftsprozessmanagement* als ganzheitliches Konzept, dass Entscheidungsträger aus dem Top-Management, der IT-Abteilung und den Fachabteilungen erstellen und dementsprechend umsetzen.

Interview Thomas Klammer

Herr Klammer bestätigt den Literaturansatz, dass es sich beim Geschäftsprozessmanagement um ein ganzheitliches Konzept handelt, das auf strategischer und administrativer Ebene entschieden wird. Er führt an, dass Entscheidungen (z. B. Einsatz Balanced Scorecard) nur auf strategischer Ebene im Unternehmen (Top-Management) getroffen werden können. Geschäftsprozessmanagement leitet sich aus der Unternehmensstrategie ab. Das ist so auch in der Literatur angeführt und kann somit bestätigt werden.

[Buchta et al. 2009, S. 26] leiten auf der strategischen Ebene eine mittelfristige Wirkung in Form von Kostenersparnis und Nachhaltigkeit in wertschöpfenden Bereichen ab. Ebenso wird auf der strategischen Ebene eine Optimierung der Geschäftsprozesse gesehen. Betrachtet man die Anwendungsbeispiele der Experten in diesem Bereich, gilt auch diese theoretische Annahme als bestätigt.

Auch die Erkenntnis aus der Literatur [TU Wien 2006], dass sehr viele Unternehmen bereits über Praxiserfahrung im *Geschäftsprozessmanagement* verfügen, kann bestätigt werden. 80 % der Unternehmen der teilnehmenden Experten haben diese Maßnahme bereits umgesetzt.

Ein Unternehmen überlegt derzeit den Einsatz von *Geschäftsprozessmanagement*. Ein mögliches Motiv für einen Einsatz könnten dabei nachfolgende Vorteile sein. Die Identifizierung von Kostentreibern, die zu erwartende Kostenreduktion und der Fokus auf Kernkompetenz durch Prozessidentifikation, werden von den Experten als „wichtig" bewertet. Die positive Veränderung der Unternehmenskultur und die höhere Mitarbeitermotivation bewerten die Experten nur mit einem Mittelwert von 2,6 bzw. 2,8.

Bei dieser Maßnahme deckt sich das Literaturergebnis vollständig mit dem Ergebnis der Delphi-Befragung.

4.2.1.3 IT-Kostenmanagement

Die gesammelten Ergebnisse aus Literaturanalyse und Delphi-Befragung werden nachstehend zur Maßnahme *IT-Kostenmanagement* interpretiert.

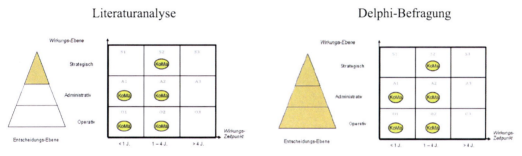

Abbildung 90: Literaturanalyse IT-KoMa **Abbildung 91: Delphi-Befragung IT-KoMa**

Der wesentlichste Unterschied bei der Zuordnung in die Matrix zwischen Literaturanalyse und Delphi-Befragung liegt im Bereich der Entscheidungsebene. Nach der Literaturanalyse ist der Autor von einer strategischen Entscheidung ausgegangen. Die Experten sind der Meinung, der Entscheidungsprozess zieht sich durch alle drei Ebenen. Diese Ableitung konnte in dieser Form nur bedingt der Literatur entnommen werden. [Gadatsch & Mayer 2010, S. 194 ff.] ordnen dem *IT-Kostenmanagement* strategische und operative Aufgaben zu. Das läßt natürlich Rückschlüsse auf eine diesbezügliche Einteilung zu.

Die Experten sind der Meinung, dass die operative Ebene (z. B. die Anwender der Informationsinfrastruktur) in wichtige Entscheidungen eingebunden werden müssen. Das betrifft speziell jene Maßnahmen, von denen die Anwender (im Tagesgeschäft) unmittelbar betroffen sind. Bei den Maßnahmen *IT-Kostenmanagement* und *Kommunikationsmanagement* ist das der Fall und dadurch nachvollziehbar. Der Autor hat im Berufsleben schon selber die Erfahrung machen müssen, dass bei der Einführung eines ERP-Systems viele Entscheidungen am „runden Tisch" getroffen wurden, ohne die Ansichten der operativen Ebene zu kennen bzw. zu hinterfragen. Wären im Vorfeld bestimmte Prozesse mit den Mitarbeitern abgestimmt worden, hätte man viele Probleme vermeiden und Kosten, z. B. durch unnötige Programmierarbeit, einsparen können.

Interview Thomas Klammer

Herr Klammer bestätigt die Vermutung, dass es Sinn macht, die operative Ebene (Key User) in den Entscheidungsprozess zu involvieren. Weiters führt er an, dass jede gute Führungskraft die Meinung der Mitarbeiter berücksichtigt und in Entscheidungsüberlegungen einbezieht. Anwendungsbeispiel – Matrixeinteilung: Auf der strategischen Ebene wird festgelegt, dass für alle IT-Services eine TCO-Berechnung vorgenommen werden muss. Dadurch wird eine transparente Darstellung der Kosten ermöglicht. Auf der administrativen Ebene wird nun berechnet und festgelegt, was ein Service z. B. „mobiles Endgerät" kostet. Dabei nutzt die administrative Ebene die Erkenntnisse und Erfahrungen der operativen Ebene. In der Literatur wird ebenfalls erwähnt, dass es Sinn macht, wenn der CIO im Top-Management „verankert" ist. Bei Fronius ist das der Fall. Auch diese Literaturannahme kann somit bestätigt werden.

Bei der Wirkungsebene und dem Wirkungszeitpunkt stimmen die Ergebnisse der Delphi-Befragung mit der Literaturanalyse völlig überein. Nach der ersten Befragungsrunde war das noch nicht der Fall. Daher kann man auch beim *IT-Kostenmanagement* von einer positiven Beeinflussung der Expertenmeinung durch das Literaturergebnis in der zweiten Runde ausgehen.

Die Anwendungsbeispiele der Experten stimmen bei dieser Maßnahme nur geringfügig mit jenen überein, die aus der Literatur abgeleitet wurden – das untermauert aber wiederum das Ziel aus der ersten Befragungsrunde. Wichtig war, zu jeder Maßnahme verschiedene Praxisbeispiele der Experten zu erhalten, um die Einteilung in die Matrix nachvollziehbar zu machen. Eine weitere wichtige Gemeinsamkeit zwischen Delphi-Befragung und Literatur konnte dennoch identifiziert werden: [Gadatsch & Mayer 2010, S. 197 ff.] kritisieren, dass die IT-Abteilung in vielen Unternehmen oft nur als Kostenfaktor gesehen wird, der für steigende Kosten verantwortlich gemacht wird. Dass das nicht so ist, kann mittels *IT-Kostenmanagement* transparent gemacht werden. Davon sind auch die Experten überzeugt, denn als strategisch mittelfristige Wirkung geben sie an: „Erkenntnis, dass die IT ein wichtiges Arbeitsmittel darstellt" (siehe Kapitel 4.1.1.5)

Das spiegelt sich auch in der Bewertung der Vorteile wieder, die von den Experten als „sehr wichtig" und „wichtig" beurteilt wurden.

4.2.1.4 Kommunikationsmanagement

Die gesammelten Ergebnisse aus Literaturanalyse und Delphi-Befragung werden nachstehend zur Maßnahme *Kommunikationsmanagement* interpretiert.

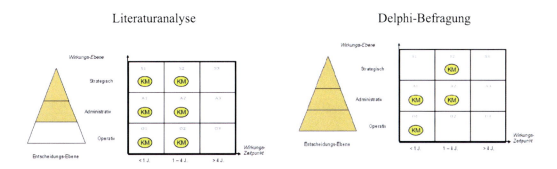

Abbildung 92: Literaturanalyse KommM   **Abbildung 93: Delphi-Befragung KommM**

Auch bei dieser Maßnahme liegen die Ergebnisse in der Einteilung der Matrix zwischen theoretischen und empirischen Teil des Fachbuches nicht sehr weit auseinander. Wie beim *IT-Kostenmanagement* gehen die Experten auch beim *Kommunikationsmanagement* von einem Entscheidungsprozess aus, in dem alle Ebenen involviert sind. Das lässt sich auch bei dieser Maßnahme durch den unmittelbaren „Kontakt" mit der operativen Ebene erklären. Die Anwender der Informationsinfrastruktur müssen mit den Arbeitsmitteln, bereitgestellt durch das *Kommunikationsmanagement*, tagtäglich arbeiten.

Interview Thomas Klammer

Auch beim Kommunikationsmanagement bestätigt Herr Klammer eine operative Beteiligung im Entscheidungsprozess. Zur Frage nach dem Mitspracherecht der Mitarbeiter, hält Herr Klammer fest, dass die Entscheidungsträger grundsätzlich jene Personen im Unternehmen sind, die Kostenverantwortung tragen. Die Mitarbeiter haben jedoch eine mittelbare Entscheidungskompetenz, da sie z. B. befragt werden, wie sie mit den unterschiedlichen Services zufrieden sind und ob sie mit der zur Verfügung gestellten Performance arbeiten können.

Eine eindeutige Übereinstimmung zwischen Literatur und Delphi-Befragung konnte im Kosteneinsparungspotential von *Kommunikationsmanagement* identifiziert werden. Bei

[Holtbrügge & Schillo 2009] und [Polycom 2009] ist zu lesen, dass die Reisekosten durch IP-Telefonie, videobasierte Meetings oder Projektportale um bis zu 35 % gesenkt werden konnten. Das sehen die teilnehmenden Experten der Delphi-Befragung genauso. Als administrative und operative kurzfristige Wirkung werden Kosten- und Zeitersparnis durch „IT-gestützte" Kommunikationseinrichtungen, den Einsatz von Smartphones, Remote-Schulungen usw. angegeben (siehe Kapitel 4.1.1.6).

Dass der Vorteil „Umweltgedanke" nur mit einem Mittelwert von 2,8 beurteilt wurde, (von einem Experten sogar als absolut unwichtig) ist gegensätzlich zum Literaturergebnis. Erklärt kann dadurch aber eventuell werden, warum die Maßnahme *Green IT* nicht mehr in der zweite Runde berücksichtig wurde. Umweltthemen scheinen für die Experten keine vordergründliche Rolle zu spielen. Die Kostenreduktion, die Zeitersparnis und die Produktivitätssteigerung sind Vorteile, die für die Experten „wichtig" sind.

4.2.1.5 Monitoring

Die gesammelten Ergebnisse aus Literaturanalyse und Delphi-Befragung werden nachstehend zur Maßnahme *Monitoring* präsentiert.

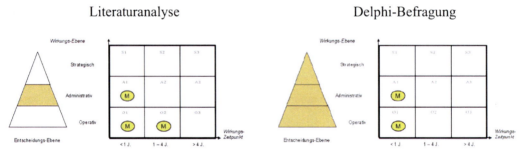

Abbildung 94: Literaturanalyse Monitoring   **Abbildung 95: Delphi-Befragung Monitoring**

Das Ergebnis von Literaturanalyse und Delphi-Befragung im Bereich der Entscheidungsebene weicht insofern voneinander ab, da die Experten der Meinung sind, die Maßnahme werde auf allen drei Ebenen im Unternehmen entschieden. Nach der Literaturanalyse wurde die Einteilung auf administrativer Ebene vorgenommen. Beim *Monitoring* kann der Autor das Ergebnis der Delphi-Befragung nicht vollständig nachvollziehen. Warum sehen die Experten bei dieser Maßnahme eine strategische und operative Beteiligung bei der Entscheidung über den Einsatz?

Interview Thomas Klammer

Herr Klammer sieht Monitoring deswegen auf der strategischen Ebene, da nur das Top-Management (in Absprache mit der IT-Leitung) festlegen kann, welche unternehmenskritischen Services überwacht werden müssen. Weiters muss das Management entscheiden, welche Art von Monitoringsoftware eingesetzt wird, da diese Produkte mitunter sehr teuer sein können. Die Auswertung der durch das Monitoring gelieferten Daten, erfolgt dann wieder auf operativer Ebene. Bei Monitoring spricht Herr Klammer von einer Maßnahme, die direkt während einer Krise realisiert werden kann – kurzfristige administrative und operative Auswirkung in der Matrix.

Weiters sind die Experten der Meinung, die Maßnahme wirke nur kurzfristig auf administrativer und operativer Ebene. Dieses Ergebnis deckt sich wiederum fast mit der Klassifizierung nach der Literaturanalyse.

[Paessler 2011] und [NetzMon 2009] schreiben, dass die Wirtschaftlichkeit und Produktivität eines Unternehmens direkt von der Zuverlässigkeit und Funktionsfähigkeit seiner IT-Infrastruktur abhängt und durch Ausfälle hohe Kosten entstehen können. Verhindert kann das durch den Einsatz von *Monitoring* werden. Das sehen die Experten genauso, denn als wesentlichen Vorteil nennen sie die rechtzeitige Erkennung möglicher Probleme und die daraus resultierende Kostenersparnis.

Der Umstand, dass alle Unternehmen der teilnehmenden Experten diese Maßnahme bereits umgesetzt haben, beweist, dass Systemoptimierung bzw. -sicherheit für die Experten eine wesentliche Rolle spielt. Erstaunlich ist daher die Tatsache, dass die Maßnahme *IT-Sicherheitsmanagement* nicht mehr für die zweite Befragungsrunde berücksichtig wurde.

5 Interview

Die wichtigsten Erkenntnisse aus dem Interview – im Zusammenhang mit dem Ergebnis der Delphi-Befragung – wurden direkt in die relevanten Kapitel (siehe Kapitel 4.1.1.13, 4.1.2.6 und 4.2) eingearbeitet.

Im Zuge des Interviews ergaben sich noch andere interessante Ansichten, auf die ich in diesem Abschnitt noch kurz eingehen möchte. Informationen zur Durchführung des Interviews entnehmen sie bitte dem Kapitel 3.4.2.

Cloud Computing:

Herr Klammer erwähnt, dass nach seiner Einschätzung Cloud Computing erst nach der Wirtschaftskrise zum großen Thema (Hype) wurde und dieser Zyklus bis heute anhält. Ein wesentliches Problem sieht er dabei aber darin, dass es noch immer keine genaue Definition dieser Technik gibt. Was ist eine Cloud? Herr Klammer erwähnt in diesem Zusammenhang einen Kollegen von ihm, der sagt, sobald Netzwerkkomponenten – mit welcher Art von Technik auch immer – virtualisiert werden, spricht man von einer Cloud. Es ist für den Benutzer nicht mehr nachvollziehbar, wo der Server steht bzw. auf welchem System das Service läuft.

Herr Klammer sieht in Zusammenhang mit Cloud Computing vordergründliche Probleme beim Thema Verfügbarkeit. Auch wenn die Anbieter der Cloud eine Verfügbarkeit von 99,999 % garantieren, die Internetleitungen können diese Verfügbarkeit noch nicht gewährleisten. Die Verfügbarkeit kann somit nur beim „Ausgang" des Data Centers garantiert werden. Solange diese Verfügbarkeit nicht garantiert werden kann, spielt für ihn Cloud Computing direkt keine Rolle.

IT-Personalmanagement

Bei Fronius wurde in der IT-Abteilung während der Krise kein Personal freigesetzt. Auch wenn Herr Klammer betont, dass in wirtschaftlich schwierigen Zeiten dies oft die kurzfristigste Maßnahme in vielen Unternehmen ist, um Kosten zu reduzieren. Herr Klammer bestätigt durch diese Aussage eine Erkenntnis aus der Literatur. [Benz 2009] schreibt, dass IT-Personal nicht nur aufgrund von Kennzahlen und der Auftragslage im Unternehmen beurteilt werden darf. Das sieht man auch bei Fronius so und die IT-Abteilung konnte nach der Krise wieder durchstarten, ohne neues Personal einarbeiten zu müssen.

Service-Level-Agreement

Den Einsatz von internen Service-Level-Agreements versucht Fronius gerade aufzubauen. Der Einsatz von SLAs wurde in der IT-Strategie festgelegt und zu jedem IT-Service wird ein Service-Level formuliert. Die Vertragspartner sind dabei die IT-Abteilung und der Fachbereich im Unternehmen. Die SLA werden schriftlich fixiert und überwacht. Herr Klammer bestätigt den Ansatz aus der Literatur, dass hier gemeinsam mit dem Kostenmanagement in der Fachabteilung ein Kostenbewusstsein geschaffen werden kann. Die IT wird im Unternehmen damit nicht mehr nur als reiner Kostenfaktor gesehen, da die Leistungen, die für die Fachbereiche erbracht werden, transparent und berechenbar sind. Durch die Formulierung von SLAs kann festgestellt werden, wie kritisch ein Service für einen Kunden tatsächlich ist. Je kritischer ein Service ist, desto teurer ist diese Leistung. Das heißt, benötigt der Fachbereich z. B. eine 7/24 Verfügbarkeit bzw. eine 30-minütige Wiederanlaufzeit (Service muss in dieser Zeit wieder verfügbar sein), können dem Entscheidungsträger in der Abteilung, durch eine definierte Service-Level Vereinbarung, die Kosten transparent gemacht werden. Herr Klammer erwähnt, dass sich somit das Thema „höchste Verfügbarkeit" ganz schnell relativieren kann, da nun die Kosten für einen solchen Dienst bekannt sind.

Delphi-Befragung

Herr Klammer hat vor der Delphi-Befragung des Autors mit der Methode noch keine Erfahrungen sammeln können. Er erwähnt, dass es für ihn vor Beginn der Befragung Sinn gemacht hätte, ein persönliches „Start Gespräch" zu führen, um sich so mit dem Ziel und der Methodik besser vertraut machen zu können.

6 Schlussbetrachtung/Resümee

Ziel dieses Buches war die empirische Überprüfung eines aus der Literatur abgeleiteten Sachverhaltes. Im Kapitel Maßnahmen (siehe Kapitel 3.3) konnten zwölf Maßnahmen identifizieren, deren Evaluierung mit einer Delphi-Befragung durchgeführt wurde. Diese Befragung wurde in zwei Befragungsrunden mit fünf IT-Experten abgeschlossen. Nach der Auswertung der Delphi-Befragung wurde mit einem der teilnehmenden Experten ein Interview durchgeführt, in dem die Ergebnisse der Delphi-Befragung nochmals besprochen wurden.

Anhand der Ergebnisse der Delphi-Befragung und durch den direkten Vergleich mit den Ergebnissen der Literaturanalyse konnten alle Forschungsfragen beantwortet werden.

In der ersten Befragungsrunde konnten fünf Maßnahmen identifiziert werden, die laut Expertenansicht das Potential haben, ein Unternehmen in schwierigen Zeiten zu unterstützen. Herr Klammer erwähnte im Interview, dass in einer Krise das Einsparungspotential kurzfristig für das Unternehmen am wichtigsten ist. Folgende Maßnahmen wurden in der zweiten Befragungsrunde weiter berücksichtig: *IT-Strategie*, *Geschäftsprozessmanagement*, *IT-Kostenmanagement*, *Kommunikationsmanagement* und *Monitoring*.

Eine mögliche Erklärung, warum Maßnahmen wie *Geschäftsprozessmanagement*, *Virtualisierung* (Cloud Computing) oder *Service-Level-Agreement* aus der Befragung ausgeschieden sind, brachte das Interview mit Herrn Klammer. Seine Einschätzungen können in den Kapiteln 4.1.1.13, 4.1.2.6, 4.2 und 5 nachgelesen werden.

In der zweiten Befragungsrunde nahmen die Experten nochmals eine Klassifizierung der fünf Maßnahmen in die vorgegebene Matrix vor. Die Auswertung zeigte, dass das Antwortverhalten zwischen erster und zweiter Befragungsrunde bei zwei Experten stark abweichte. Eine Beeinflussung durch das Gruppenfeedback oder dem Literaturergebnis konnte festgestellt werden. Weiters zeigte die Auswertung, speziell bei der Maßnahme *Geschäftsprozessmanagement*, in der Zuordnung der Entscheidungsebene zwischen den Runden starke Änderungen. Auch Herr Klammer änderte bei dieser Maßnahme seine Meinung. Allerdings nicht aufgrund des Feedbackberichts, er betrachtete die Maßnahmen in der zweiten Runde sehr umsetzungsorientiert. Da nach seiner Einschätzung die Maßnahme auf administrativer Ebene umgesetzt wird, ordnete er die Entscheidung auch der administrativen Ebene zu. Im Interview konnte geklärt werden, dass Herr Klammer selbstverständlich überzeugt ist, dass die Entscheidung ebenfalls auf strategischer Ebene im Top-Management getroffen werden muss.

Durch die zweite Befragungsrunde konnten auch folgende Fragen beantwortet werden: *„Ist eine Kostenreduktion durch den Einsatz der Maßnahme möglich?"*, *„Welche Maßnahmen wurden bereits in den Unternehmen der Experten umgesetzt?"* und *„ Ob durch die Maßnahme ein wertsteigernder Einsatz der IT möglich ist?"*.

In diesem Kapitel möchte der Autor die wichtigsten Erkenntnisse zu jeder Maßnahme kurz zusammenfassen: (eine genaue Betrachtung wurde im Kapitel 4.2 vorgenommen)

IT-Strategie

Die Ergebnisse aus Literaturanalyse und Delphi-Befragung weichen nur in der Einteilung der Wirkungsebene voneinander ab. Wesentliche Ansätze aus der Literatur konnten bestätigt werden, z. B. die Ableitung der Maßnahmen aus der IT-Strategie bzw. Unternehmensstrategie. Eine direkte Ableitung setzt natürlich voraus, dass in jedem Unternehmen eine IT-Strategie existiert. Das kann durch das Ergebnis der Delphi-Befragung bestätigt werden, da alle Unternehmen der teilnehmenden Experten eine IT-Strategie definiert haben. Herr Klammer erwähnt im Interview, dass auch das Unternehmen Fronius von der Wirtschaftskrise 2008/2009 betroffen war, dies aber keine unmittelbare Auswirkung auf die IT-Strategie hatte.

Geschäftsprozessmanagement

Bei dieser Maßnahme zeigte das Ergebnis der Delphi-Befragung eine 100%ige Übereinstimmung mit dem Ergebnis der Literaturanalyse. Somit kann auch die Annahme von [Jobst 2010, S. 64 ff.] bestätigt werden. Dieser definiert Geschäftsprozessmanagement als ganzheitliches Konzept, dessen Einsatz auf strategischer Ebene (Top-Management) in Abstimmung mit der administrativen Ebene beschlossen wird. Diese Ansicht bestätigte auch Herr Klammer im Interview. Herr Klammer erwähnt auch, dass sich das Geschäftsprozessmanagement im besten Fall aus der Unternehmensstrategie ableitet. Auch das ist ein Ansatz aus der Literatur, der somit belegt werden konnte.

IT-Kostenmanagement

Der Autor glaubte nach der Literaturanalyse an eine strategische Entscheidung im Unternehmen für die Maßnahme IT-Kostenmanagement. Das Ergebnis der Delphi-Befragung zeigt ein anderes Bild. Die Experten sind der Meinung, dass alle drei Ebenen im Unternehmen in den Entscheidungsprozess involviert sind. Die Einteilung konnte so aus der Literatur nicht direkt abgeleitet werden. Allerdings ordnen [Gadatsch & Mayer 2010, S 194 ff.] dem Kostenmanagement speziell strategische und operative Aufgaben zu, das lässt eventuell Rückschlüsse auf die von den Experten getroffene Auswahl zu. Der Autor ist der Meinung, dass es durchaus Sinn macht, die operative Ebene in den Entscheidungsprozess zu involvieren (siehe Kapitel 4.2.1.3). Das bestätigt auch Herr Klammer im Interview.

Bei Wirkungsebene und -zeit stimmen die Ergebnisse der Delphi-Befragung mit der Literaturanalyse 100%ig überein. Ein wesentlicher Unterschied zur Literatur konnte bei dieser Maßnahme im Bereich der Anwendungsbeispiele festgestellt werden. Eine wichtige Gemeinsamkeit konnte ich aber noch feststellen: [Gadatsch & Mayer 2010, S 197 ff.] kritisieren den Umstand, dass viele Unternehmer nach wie vor die IT-Abteilung als reinen Kostenfaktor sehen. Durch IT-Kostenmanagement werden diese Kosten transparent und können auf die Fachabteilungen umgelegt werden. Das schafft ein Kostenbewusstsein in den Fachbereichen. Diese Ansicht bestätigt auch Herr Klammer im Interview.

Kommunikationsmanagement

Auch beim Kommunikationsmanagement sind die Experten überzeugt, dass in den Entscheidungsprozess alle Unternehmensbereiche (strategisch, administrativ und operativ) involviert sind. Herr Klammer bestätigt auch bei dieser Maßnahme die Wichtigkeit einer operativen Beteiligung. Er erklärt, dass die Entscheidungsträger im Unternehmen grundsätzlich jene Personen sind, die Kostenverantwortung tragen. Den Mitarbeitern (in der operativen Ebene) kommt aber eine mittelbare Entscheidungskompetenz zu, da sie z. B. Auskünfte erteilen können zur Zufriedenheit oder Performance von bestimmten Services.

Eine eindeutige Übereinstimmung von Literatur und Delphi-Befragung konnte im Kosteneinsparungspotential festgestellt werden. Alle Experten sind der Meinung, dass mittels Kommunikationsmanagement mittel- und langfristig Kosten reduziert werden können.

Monitoring

Beim Monitoring konnte der Autor das Ergebnis der Experten (wiederum wurden im Entscheidungsprozess alle drei Ebenen genannt) am wenigsten nachvollziehen. Aus der Literatur konnte eine administrative Entscheidung abgeleitet werden. Im Interview mit Herrn Klammer konnte aber auch diese Frage geklärt werden. Herr Klammer sieht Monitoring deswegen auf der strategischen Ebene, da nur das Top-Management – in Absprache mit dem IT-Leiter – festlegen kann, welche unternehmenskritischen Services überwacht werden sollen. Die Auswertung der Daten erfolgt dann auf operativer Ebene.

[Paessler 2011] und [NetzMon 2009] betonen, wie wichtig die Funktionsfähigkeit der IT-Infrastruktur für ein Unternehmen ist und dies durch den Einsatz von Monitoring gewährleistet werden kann. Das sehen die Experten genauso, denn jeder Experte setzt Monitoring bereits im Unternehmen ein. Als wesentlichste Vorteile nennen sie die rechtzeitige Erkennung möglicher Probleme und die daraus resultierende Kostenersparnis.

<u>Fazit zur Methode</u>

Die Durchführung der Delphi-Befragung konnte in zwei Befragungsrunden erfolgreich abgeschlossen werden. Etwas schwierig gestaltete sich die Rekrutierung der Experten für die Befragung. Zehn IT-Experten erklärten sich bereit, den Autor bei der Befragung zu unterstützen. Weniger erfreulich war die Rücklaufquote der Fragebögen nach der ersten Befragungsrunde. Nur fünf Experten haben den Fragebogen an den Autor retourniert. Die schlechte Rücklaufquote kann durch den hohen Arbeitsaufwand der IT-Experten im Unternehmen begründet werden. Vier Experten gaben diesen Grund für ihr Ausscheiden aus der Studie an. Die Auswertung der Studie verzögerte sich nach jeder Befragungsrunde, da einzelne Experten die gesetzte Deadline nicht einhalten konnten – die Auswertung konnte allerdings erst nach dem Erhalt aller Fragebögen durchgeführt werden. Der erstellte Zeitplan für die Datenerhebung konnte - trotz dieser Verzögerungen - eingehalten werden.

Die Delphi-Befragung erzielte sehr spannende Ergebnisse für das Buch. Die Auswertung zeigte, dass bei zwei Experten eine starke Abweichung im Antwortverhalten zwischen erster und zweiter Befragungsrunde vorlag. Es konnte eine Beeinflussung durch den Feedbackbericht oder das Literaturergebnis festgestellt werden.

Die Methode hat sich zur empirischen Datenerhebung sehr gut geeignet. Der sehr hohe Zeitaufwand für die Vorbereitung, Durchführung und Auswertung der Befragungsrunden ist allerdings kritisch anzumerken.

Abschließend muss festgehalten werden, dass es sich bei der Bewertung der Maßnahmen durch die Expertengruppe um keine allgemeingültige Meinung handeln kann. Die vorliegenden Resultate können aber durchaus als Anhaltspunkt gesehen werden.

Abkürzungsverzeichnis

Bsp.	Beispiel
bzw.	beziehungsweise
et al.	et alii
f.	[die] folgende [Seite]
ff.	[die] folgende[n] [Seiten]
S.	Seite
u.	und
u. a.	unter anderem
usw.	und so weiter
vs.	versus
z. B.	zum Beispiel

Literaturverzeichnis

Bücher

[Buchta et al. 2009] Buchta, D.; Eul, M.; Schulte-Croonenberg, H.: Strategisches IT-Management – Wert steigern, Leistung steuern, Kosten senken. 3. Auflage, Gabler Verlag, Wiesbaden, 2009.

[Fischer 2010] Fischer, S.: Nachhaltiges Personalmanagement als Teil einer nachhaltigen Unternehmensführung in inhabergeführten Unternehmen. In: Weißenrieder, J.; Kosel, M. (Hrsg.): Nachhaltiges Personalmanagement in der Praxis – Mit Erfolgsbeispielen mittelständischer Unternehmen. Gabler Verlag, Wiesbaden, 2010, S. 171-187.

[Gadatsch & Mayer 2010] Gadatsch, A.; Mayer, E.: Einsatz operativer IT-Controlling-Werzeuge. In: Gadatsch, A.; Mayer, E.: Masterkurs IT-Controlling, Grundlagen und Praxis für IT-Controller und CIOs – Balanced Scorecard – Portfoliomanagement – Wertbeitrag der IT – Projektcontrolling – Kennzahlen – IT-Sourcing – IT-Kosten- und Leistungsrechnung. 4. Auflage, Vieweg + Teubner, Wiesbaden, 2010, S. 191-393.

[Guenther 2010] Guenther, U.: IT Service Management – IT-Leistungskataloge als Basis für SLAs. In: Schlegel, H. (Hrsg.): Steuerung der IT im Klinikmanagement, Methoden und Verfahren. Vieweg + Teubner, Wiesbaden, 2010, S. 131-139.

[Häder 2009] Häder, M.: Delphi-Befragungen, Ein Arbeitsbuch. 2. Auflage, VS Verlag für Sozialwissenschaften, Wiesbaden, 2009.

[Heinrich & Lehner 2005] Heinrich, L.; Lehner, F.: Informationsmanagement - Planung, Überwachung und Steuerung der Informationsinfrastruktur. 8. Auflage, R. Oldenbourg Verlag München Wien, München, 2005.

[Heinrich & Stelzer 2009] Heinrich, L.; Stelzer, D.: Informationsmanagement - Grundlagen, Aufgaben und Methoden. 9. Auflage, R. Oldenbourg Verlag München Wien, München, 2009.

[Heitmann 2007] Heitmann, M.: IT-Sicherheit in Unternehmungen. In: Heitmann M.: IT-Sicherheit in vertikalen F&E-Kooperationen der Automobilindustrie. Deutscher Universitäts-Verlag, Bochum, 2007, S. 9-111.

[Holtbrügge & Schillo 2009] Holtbrügge, D.; Schillo, K.: Der virtuelle Auslandseinsatz – neue Chancen und Herausforderungen im Personalmanagement. In: Zink, K. (Hrsg.): Personal- und Organisationsentwicklung bei der Internationalisierung von industriellen Dienstleistungen. Physica-Verlag, Heidelberg, 2009. S. 161-180.

[Iron & Schmidt-Schröder 2006] Irion, R.; Schmidt-Schröder, F.: HR Business Process Strategy – Personalmanagement neu ausrichten. In: Kruppke, H.; Otto, M.; Gontard, M.: Human Capital Management – Personalprozesse erfolgreich managen. Springer-Verlag Berlin, Heidelberg, 2006, S. 29-45.

[Jobst 2010] Jobst, D.: Geschäftsprozesse und klassisches Geschäftsprozessmanagement. In: Jobst, D.: Service- und Ereignisorientierung im Contact-Center – Entwicklung eines Referenzmodells zur Prozessautomatisierung. Gabler Verlag, Wiesbaden, 2010, S. 51-104

[Kisslinger-Popp 2010] Kisslinger-Popp, C.: Benchmarking – Unternehmensführung mit Disziplin. In: Kisslinger-Popp, C. (Hrsg.): Unternehmen Steuerkanzlei – Die erfolgreiche Kanzleiführung. Gabler Verlag, Wiesbaden, 2010, S. 265-273.

[Kosch & Wagner 2010] Kosch, B.; Wagner, H.: Alles im grünen Bereich – Mit Green IT zu Energieeffizienz und Nachhaltigkeit. In. Spath, D.; Bauer, W.; Rief, S. (Hrsg.): Green Office – Ökonomische und ökologische Potentiale nachhaltiger Arbeits- und Bürogestaltung. Gabler Verlag, Wiesbaden, 2010, S. 205-212.

[Lassmann 2006] Lassmann, W.: Informationsmanagement. In: Lassmann, W. (Hrsg.) Wirtschaftsinformatik – Nachschlagewerk für Studium und Praxis. Gabler Verlag, Wiesbaden, 2006, S. 291-348.

[Mayerl et al. 2005] Mayerl, C.; Link, S.; Racke, M.; Popescu, S.; Vogel, T.; Mehl, O.; Abeck, S.: Methode für das Design von SLA-fähigen IT-Services. In: Müller, P.; Gotzhein, R.; Schmitt, J. (Hrsg.): Kommunikation in Verteilten Systemen (KiVS). Springer, 14. Fachtagung, 28. Feb. – 3. März 2005, Kaiserslautern.

[Rüter et al. 2010] Rüter, A.; Schröder, J.; Göldner, A.; Niebuhr, J.: Entscheidungsdomänen der IT-Governance. In: Rüter, A.; Schröder, J.; Göldner, A.; Niebuhr, J. (Hrsg.): IT-Governance in der Praxis – Erfolgreiche Positionierung der IT im Unternehmen. Anleitung zur erfolgreichen Umsetzung regulatorischer und wettbewerbsbedingter Anforderungen. 2. Auflage, Xpert.press, Springer-Verlag Berlin Heidelberg, 2010, S. 35-98.

[Schmid 2006] Schmid, K.: Vertragsmanagement bei externer Entwicklung. In: Grassmann, O.; Kobe, C. (Hrsg.): Management von Innovation und Risiko – Quantensprünge in der Entwicklung erfolgreich managen. 2. Auflage, Springer-Verlag Berlin Heidelberg, 2006, S. 489-518.

[Schuh et al. 2011] Schuh, C.; Kromoser, R.; Strohmer, F.; Perez, R.; Triplat, A.: Die Krise von 2008 und ihre Vorgeschichte. In: Schuh, C.; Kromoser, R.; Strohmer, F.; Perez, R.; Triplat, A.: Der agile Einkauf – Erfolgsgarant in volatilen Zeiten. Gabler, Wiesbaden, 2011, S. 13-28.

[Schäfer 2009] Schäfer, U.: Der Crash des Kapitalismus – Warum die entfesselte Marktwirtschaft scheiterte und was jetzt zu tun ist. Campus Verlag, 2009.

[Staud 2006] Staud, J.: Geschäftsprozesse. In: Staud, J.: Geschäftsprozessanalyse – Ereignisgesteuerte Prozessketten und objektorientierte Geschäftsprozessmodellierung für Betriebswirtschaftliche Standardsoftware. 3. Auflage, Springer-Verlag Berlin Heidelberg, 2006, S. 4-31.

[Vogel et al. 2010] Vogel, R.; Kocoglu, T.; Berger, T.: Virtualisierung. In: Vogel, R.; Kocoglu, T.; Berger, T.: Desktopvirtualisierung – Definition – Architekturen – Business – Nutzen. Vieweg + Teubner, Wiesbaden, 2010, S. 7-24.

[Will et al. 2007] Will, M.: Wertorientiertes Kommunikationsmanagement. Schäffer-Poeschel, 2007.

[Zarnekow 2007] Zarnekow, R.: Der IT-Dienstleister. In: Zarnekow, R.: Produktionsmanagement von IT-Dienstleistungen – Grundlagen, Aufgaben und Prozesse. Springer-Verlag Berlin Heidelberg, 2007, S. 9-84.

Zeitschriftenartikel:

[Brenke et al. 2010] Brenke, K; Rinne, U; Zimmermann, K.: Kurzarbeit: nützlich in der Krise, aber jetzt Ausstieg einleiten. Wochenbericht / Deutsches Institut für Wirtschaftsforschung, Berlin. 73 (2010) 16, S. 2-13.

[Haas 2009]: Haas, H.: Die IT-Branche muss sich neu erfinden. Fachartikel, Wirtschaftsinformatik & Management, Ausgabe: 2009-01.

[Repschläger et al. 2010] Repschläger, J; Pannicke, D.; Zarnekow, R.: Cloud Computing: Definition, Geschäftsmodelle und Entwicklungspotentiale. HMD – Praxis der Wirtschaftsinformatik, Vol. 47 (2010), 275, S. 6-15.

[Riedl et al. 2008] Riedl R.; Kobler, M.; Roithmayr, F.: Zur personellen Verankerung der IT-Funktion im Vorstand börsennotierter Unternehmen: Ergebnis einer inhaltsanalytischen Betrachtung. Wirtschaftsinformatik, Volume 50, Number 2, S. 111-128.

[Wirtschaftsdienst 2009] Kalmbach, P.: Das auch noch? Deflation als Folge der Finanzkrise. Wirtschaftsdienst 2009, Volume 89, Number 4, S. 236-242.

[Wirtschaftsdienst 2010] Priewe, J.: Von der Subprimekrise zur Weltwirtschaftskrise – unterschiedliche Erklärungsmuster. Wirtschaftsdienst 2010, Volume 90, Number 2, S. 92-100.

Johannes Kepler Universität Dissertation:

[Benz 2009]: Benz, W.: Wissensmanagement und das Produktivitätsparadoxon der Informations- und Kommunikationstechnologie: ein modelltheoretischer Ansatz. Johannes Kepler Universität, Dissertation, eingereicht 2009.

Whitepapers: (http://www.heise.de/whitepapers, Zugriff am 28. Juli 2011)

[NetzMon 2009] Überwachung der Dateiintegrität: Compliance und Sicherheit für virtuelle und physische Umgebungen, 2009, Whitepaper, www.heise.de.

[Polycom 2009] ROI in Aktion, Wie das globale Collaboraation-Netzwerk von Polycom zu finanziellen Vorteilen führt, Polycom 2009, Whitepaper, www.heise.de.

Onlinequellen:

[CFOWorld 2009] Agenda für den CFO und CIO, IT-Herausforderung für 2010, http://www.cfoworld.de/it-herausforderungen-fuer-2010, Zugriff am 28. Juli 2011.

[CitrixStudie 2010] Monitor, das Magazin für Informationstechnologie, http://www.monitor.co.at/index.cfm/storyid/12467_Citrix_StudieVirtualisierung_steigt_welt weit_stark, Zugriff am 28. Juli 2011.

[CloudComputing CIO 2011] CIO Finance – IT, http://www.cio.de/news/wirtschaftsnachrichten/2266553/index.html, Zugriff am 28. Juli 2011.

[Ernest & Young 2002] Ernest & Young: IT-Kosten und IT-Performance 2002. Betriebswirtschaftliche Studie der Schweizer Informatikabteilungen, http://www2.eycom.ch/publications/items/saas_it_costs/de.pdf, Zugriff am 28. Juli 2011.

[Fournier 2004] business-wissen.de, Was Unternehmen charismatisch macht, http://www.business-wissen.de/unternehmensfuehrung/authentisch-was-unternehmen-charismatisch-macht, Zugriff am 28. Juli 2011.

[Kolbe et al. 2009] Kolbe, L.M.; Zarnekow, R.; Schmidt, N.; Erek, K.: Studie: Nachhaltigkeit und Green IT in IT-Organisationen, 2009, Göttingen, http://www.uni-goettingen.de, Zugriff am 28. Juli. 2011.

[Lewandowski & Mann 2011] Lewandowski, W.; Mann, H.: Nutzen und Grenzen von Service-Level-Agreements. http://www.innovation-aktuell.de/?cmslesen/q7001003_02870401, Zugriff am 28. Juli 2011.

[OpenSource 2009] Kürzungen von IT-Budgets gefährdet die Sicherheit, Open-Source-Branche wittert Krise als große Chance, http://www.php-team.eu/news/36/51/, Zugriff am 28. Juli 2011.

[Paessler 2011] Paessler, the network monitoring company, Sichern sie Verfügbarkeit und Performance ihres Netzwerks, http://www.de.paessler.com/, Zugriff am 28. Juli 2011.

[Schmitz 2009] IT-Services und –Strategien, Branche will in der Wirtschaftskrise antizyklischen Impuls geben, http://www.dribbling-dackels.de/news/2008-11-20-computerzeitung.pdf, Zugriff am 28. Juli 2011.

Abbildungsverzeichnis

Abbildung 1: Bsp. für die Entscheidungs- und Wirkungsebene bzw. Wirkungszeit 13
Abbildung 2: Einordnung der Maßnahme IT-Strategie 17
Abbildung 3: Einordnung der Maßnahme Benchmarking 19
Abbildung 4: Einordnung der Maßnahme Green IT 21
Abbildung 5: Einordnung der Maßnahme Geschäftsprozessmanagement 25
Abbildung 6: Einordnung der Maßnahme IT-Kostenmanagement 28
Abbildung 7: Einordnung der Maßnahme Kommunikationsmanagement 31
Abbildung 8: Einordnung der Maßnahme Monitoring 34
Abbildung 9: Einordnung der Maßnahme IT-Personalmanagement 36
Abbildung 10: Einordnung der Maßnahme Service-Level-Agreement 39
Abbildung 11: Einordnung der Maßnahme IT-Sicherheitsmanagement 42
Abbildung 12: Einordnung der Maßnahme Virtualisierung 45
Abbildung 13: Einordnung der Maßnahme Vertragsmanagement 48
Abbildung 14: Darstellung des Delphi-Prozesses 58
Abbildung 15: Entscheidungsebene der Maßnahme IT-Strategie 60
Abbildung 16: Wirkungsebene und –zeit der Maßnahme IT-Strategie 61
Abbildung 17: Potentialeinschätzung der Maßnahme IT-Strategie 61
Abbildung 18: Entscheidungsebene der Maßnahme Benchmarking 63
Abbildung 19: Wirkungsebene und -zeit der Maßnahme Benchmarking 63
Abbildung 20: Potentialeinschätzung der Maßnahme Benchmarking 64
Abbildung 21: Entscheidungsebene der Maßnahme Green IT 65
Abbildung 22: Wirkungsebene und -zeit der Maßnahme Green IT 65
Abbildung 23: Potentialeinschätzung der Maßnahme Green IT 66
Abbildung 24: Entscheidungsebene der Maßnahme Geschäftsprozessmanagement 67
Abbildung 25: Wirkungsebene und -zeit der Maßnahme GPM 67
Abbildung 26: Potentialeinschätzung der Maßnahme Geschäftsprozessmanagement 68
Abbildung 27: Entscheidungsebene der Maßnahme IT-Kostenmanagement 69
Abbildung 28: Wirkungsebene und -zeit der Maßnahme IT-Kostenmanagement 69
Abbildung 29: Potentialeinschätzung der Maßnahme IT-Kostenmanagement 70
Abbildung 30: Entscheidungsebene der Maßnahme Kommunikationsmanagement 71
Abbildung 31: Wirkungsebene und -zeit der Maßnahme Kommunikationsmanagement 71
Abbildung 32: Potentialeinschätzung der Maßnahme Kommunikationsmanagement 72
Abbildung 33: Entscheidungsebene der Maßnahme Monitoring 73

Abbildung 34: Wirkungsebene und -zeit der Maßnahme Monitoring 73

Abbildung 35: Potentialeinschätzung der Maßnahme Monitoring 74

Abbildung 36: Entscheidungsebene der Maßnahme IT-Personalmanagement 75

Abbildung 37: Wirkungsebene und -zeit der Maßnahme IT-Personalmanagement 75

Abbildung 38: Potentialeinschätzung der Maßnahme IT-Personalmanagement 76

Abbildung 39: Entscheidungsebene der Maßnahme Service-Level-Agreement 77

Abbildung 40: Wirkungsebene und -zeit der Maßnahme Service-Level-Agreement 77

Abbildung 41: Potentialeinschätzung der Maßnahme Service-Level-Agreement 78

Abbildung 42: Entscheidungsebene der Maßnahme Sicherheitsmanagement 79

Abbildung 43: Wirkungsebene und -zeit der Maßnahme IT-Sicherheitsmanagement 79

Abbildung 44: Potentialeinschätzung der Maßnahme IT-Sicherheitsmanagement 80

Abbildung 45: Entscheidungsebene der Maßnahme Virtualisierung 81

Abbildung 46: Wirkungsebene und -zeit der Maßnahme Virtualisierung 81

Abbildung 47: Potentialeinschätzung der Maßnahme Virtualisierung 82

Abbildung 48: Entscheidungsebene der Maßnahme Vertragsmanagement 83

Abbildung 49: Wirkungsebene und -zeit der Maßnahme Vertragsmanagement 83

Abbildung 50: Potentialeinschätzung der Maßnahme Vertragsmanagement 84

Abbildung 51: Entscheidungsebene IT-Strategie Runde 1 88

Abbildung 52: Entscheidungsebene IT-Strategie Runde 2 88

Abbildung 53: Wirkungsebene und –zeit IT-Strategie Runde 1 88

Abbildung 54: Wirkungsebene und –zeit IT-Strategie Runde 2 88

Abbildung 55: Kostenreduktion IT-Strategie 89

Abbildung 56: wertsteigernder Einsatz durch IT-Strategie 89

Abbildung 57: Umsetzung IT-Strategie 90

Abbildung 58: Entscheidungsebene GPM Runde 1 91

Abbildung 59: Entscheidungsebene GPM Runde 2 91

Abbildung 60: Wirkungsebene und –zeit Geschäftsprozessmanagement Runde 1 91

Abbildung 61: Wirkungsebene und –zeit Geschäftsprozessmanagement Runde 2 91

Abbildung 62: Kostenreduktion Geschäftsprozessmanagement 92

Abbildung 63: wertsteigernder Einsatz durch Geschäftsprozessmanagement 92

Abbildung 64: Umsetzung Geschäftsprozessmanagement 93

Abbildung 65: Entscheidungsebene IT-Kostenmanagement Runde 1 93

Abbildung 66: Entscheidungsebene IT-Kostenmanagement Runde 2 93

Abbildung 67: Wirkungsebene und -zeit IT-Kostenmanagement Runde 1 94

Abbildung 68: Wirkungsebene und -zeit IT-Kostenmanagement Runde 2 94

Abbildung 69: Kostenreduktion IT-Kostenmanagement 94

Abbildung 70: wertsteigernder Einsatz durch IT-Kostenmanagement 95

Abbildung 71: Umsetzung IT-Kostenmanagement 95

Abbildung 72: Entscheidungsebene Kommunikationsmanagement Runde 1 96

Abbildung 73: Entscheidungsebene Kommunikationsmanagement Runde 2 96

Abbildung 74: Wirkungsebene und -zeit Kommunikationsmanagement Runde 1 97

Abbildung 75: Wirkungsebene und -zeit Kommunikationsmanagement Runde 2 97

Abbildung 76: Kostenreduktion Kommunikationsmanagement 97

Abbildung 77: wertsteigernder Einsatz durch Kommunikationsmanagement 98

Abbildung 78: Umsetzung Kommunikationsmanagement 98

Abbildung 79: Entscheidungsebene Monitoring Runde 1 99

Abbildung 80: Entscheidungsebene Monitoring Runde 2 99

Abbildung 81: Wirkungsebene und –zeit Monitoring Runde 1 100

Abbildung 82: Wirkungsebene und –zeit Monitoring Runde 2 100

Abbildung 83: Kostenreduktion Monitoring 100

Abbildung 84: wertsteigernder Einsatz durch Monitoring 101

Abbildung 85: Umsetzung Monitoring 101

Abbildung 86: Literaturanalyse IT-Strategie 104

Abbildung 87: Delphi-Befragung IT-Strategie 104

Abbildung 88: Literaturanalyse GPM 106

Abbildung 89: Delphi-Befragung GPM 106

Abbildung 90: Literaturanalyse IT-KoMa 107

Abbildung 91: Delphi-Befragung IT-KoMa 107

Abbildung 92: Literaturanalyse KommM 109

Abbildung 93: Delphi-Befragung KommM 109

Abbildung 94: Literaturanalyse Monitoring 110

Abbildung 95: Delphi-Befragung Monitoring 110

Tabellenverzeichnis

Tabelle 1: Kurzarbeit in Oberösterreich, AMS Linz, Stand: 23.05.2011 12

Tabelle 2: Experteninterview vs. Delphi-Befragung [Häder 2009, S. 62] 50

Tabelle 3: Delphi Typ eins vs. Typ drei [Häder 2009, S. 36] 51

Tabelle 4: Expertengruppe 54

Tabelle 5: Bewertung Vorteile IT-Strategie 90

Tabelle 6: Bewertung Vorteile Geschäftsprozessmanagement 93

Tabelle 7: Bewertung Vorteile IT-Kostenmanagement 96

Tabelle 8: Bewertung Vorteile Kommunikationsmanagement 98

Tabelle 9: Bewertung Vorteile Monitoring 101

Anhang

Delphi – Befragung

Studie: „Die IT in der Wirtschaftskrise"

Im Rahmen meiner Studie habe ich verschiedene Maßnahmen aus der Literatur abgeleitet, welche mit Hilfe der Informationstechnologie ein Unternehmen in wirtschaftlich turbulenten Zeiten (z. B. Weltwirtschaftskrise 2008/2009) unterstützen können. Durch die Delphi-Befragung möchte ich unter anderem eine von mir vorgenommene Strukturierung dieser Maßnahmen überprüfen, eruieren ob die Maßnahmen einen Wertbeitrag/IT zum Unternehmenserfolg leisten können und die Relevanz in Bezug auf die Weltwirtschaftskrise 2008/2009 feststellen. Genauere Informationen erhalten Sie zur 1. Befragungsrunde.

Delphi-Befragung

Die Delphi-Befragung ist eine **Expertenbefragung**, deren besondere Form einen mehrstufigen Erhebungsprozess möglich macht (zwei Befragungsrunden sind in meiner Studie geplant). Durch diese Art von Befragung können zum Beispiel zu einem bestimmten Fachgebiet (Forschungsumfang) neue Erkenntnisse und Erfahrungen gewonnen werden, die über die Summe der einzelnen Sichtweisen der beteiligten Experten hinausgehen. Erreicht wird das unter anderem durch das Feedback, welches die Experten nach jeder Runde erhalten.

Die Fragebögen werden anonymisiert ausgewertet und anhand des Feedbacks sind keine Rückschlüsse auf teilnehmende Personen möglich. Selbstverständlich werden auch der Datenschutz und die Vertraulichkeit gewährleistet.

Ablauf Befragungsprozess:
1) 1. Befragungsrunde (02. - 15. Mai 2011): Den zugesendeten Fragebogen bitte ausfüllen (ca. 60 Minuten Zeitaufwand) und retournieren.
2) Die Fragebögen werden anonymisiert ausgewertet und die daraus gewonnenen Erkenntnisse als Grundlage für die 2. Befragungsrunde verwendet.
3) 2. Befragungsrunde (im Juni 2011): Sie erhalten einen neuen Fragebogen (ca. 60 Minuten Zeitaufwand) gemeinsam mit dem Feedback aus der 1. Befragungsrunde.
4) Die Fragebögen werden erneut ausgewertet und Sie erhalten einen **Abschlussbericht über die durchgeführte Befragung.**

Ich bedanke mich im Voraus für Ihre wertvolle Unterstützung und bitte Sie, mich bei Fragen und Anregungen zu kontaktieren.

[Name]
[Straße]
[PLZ] [Ort]

Linz,

Sehr geehrter Herr ,

ich freue mich, dass Sie mich bei meiner Studie unterstützen werden. Mit diesem Schreiben erhalten Sie die Unterlagen für die 1. Befragungsrunde.

Die Maßnahmen werden im Fragebogen kurz beschrieben, damit Sie einen Überblick bekommen. Um die identifizierten Maßnahmen zu strukturieren, habe ich eine Klassifizierung nach Unternehmensebene, Wirkungsort und Wirkungszeitpunkt vorgenommen. Abgeleitet habe ich diese Einteilung aus der Literatur. Im Zuge der ersten Befragung möchte ich eruieren, wie Sie als Fachexperte diese Zuordnung treffen und bitte Sie, Ihre Auswahl durch die Angabe von Anwendungsbeispielen zu erläutern. Abschließend treffen Sie bitte eine Potentialeinschätzung der Maßnahmen im Zusammenhang mit der Weltwirtschaftskrise 2008/2009.

Das Ausfüllen des Fragebogens wird ca. 60 Minuten Ihrer Zeit in Anspruch nehmen. **Bitte bearbeiten Sie den Fragebogen möglichst bald und senden Sie diesen bis spätestens 15. Mai 2011 an mich zurück.**

Die gewonnenen Erkenntnisse dienen als Grundlage für die zweite Befragungsrunde, die im Juni 2011 durchgeführt wird. Sie erhalten rechtzeitig alle notwendigen Informationen.

Mit freundlichen Grüßen

Stefan Mühlbacher

IT-Strategie

Dynamische Marktentwicklungen und die daraus resultierenden Anforderungen an das Unternehmen erfordern die rasche Einbindung neuer Technologien in die bestehende IT-Infrastruktur. Um eine IT-Strategie zu formulieren muss das Unternehmen wissen, welche strategisch wichtigen IT-Komponenten für die zukünftige Ausrichtung des Unternehmens notwendig sind. Die IT-Strategie verfolgt mit der Unternehmensstrategie das gemeinsame Ziel, den operativen Geschäftsbetrieb mit den verfügbaren IT-Ressourcen bestmöglich zu unterstützen. Die IT-Strategie definiert Kompetenzbereiche und legt dadurch die Rahmenbedingungen für die IT-Verantwortlichen fest. Damit ein Unternehmen langfristig erfolgreich wirtschaften kann, muss die IT-Strategie von der Unternehmensstrategie abgeleitet werden.

Auf welcher Ebene (strategisch, administrativ oder operativ) wird Ihrer Meinung nach der Einsatz der Maßnahme „IT-Strategie" entschieden? (Mehrfachnennung möglich)

☐ strategischer Ebene ☐ administrativer Ebene ☐ operativer Ebene

Wo im Unternehmen (auf welcher Ebene) wirkt die Maßnahme " IT-Strategie" bzw. in welchem Zeitraum sind die Auswirkungen bemerkbar?
(bitte in der Matrix ankreuzen, Mehrfachnennung möglich)

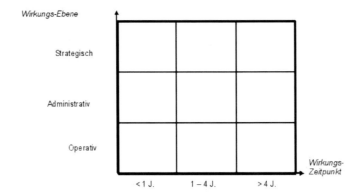

Können Sie Ihre getroffene Wahl anhand von Anwendungsbeispielen erläutern?

strategisch kurzfristig:

strategisch mittelfristig:

strategisch langfristig:

administrativ kurzfristig:

administrativ mittelfristig:

administrativ langfristig:

operativ kurzfristig:

operativ mittelfristig:

operativ langfristig:

Bitte beurteilen Sie das Potential der Maßnahme „IT-Strategie" im Zusammenhang mit der Weltwirtschaftskrise 2008/2009.

☐ **sehr hoch** ☐ **hoch** ☐ **gering** ☐ **sehr gering**

Benchmarking

Benchmarking ist ein etabliertes Analyseinstrument zur Durchführung unternehmerischer Planungsprozesse. Dadurch können unter anderem IT-Produkte, IT-Dienstleistungen oder Geschäftsprozesse zielbezogen beurteilt und mittels vorher definierter Indikatoren vergleichbar gemacht werden. Benchmarking kann beispielsweise extern (außerhalb des Unternehmens) durch den Vergleich von Kennzahlen mit anderen Unternehmen durchgeführt werden. Stärken und Schwächen des eigenen Unternehmens können so identifiziert werden. Das interne Benchmarking kann z. B. zum innerbetrieblichen Kosten- und Leistungsvergleich eingesetzt werden.

Auf welcher Ebene (strategisch, administrativ oder operativ) wird Ihrer Meinung nach der Einsatz der Maßnahme „Benchmarking" entschieden? (Mehrfachnennung möglich)

☐ strategischer Ebene   ☐ administrativer Ebene   ☐ operativer Ebene

Wo im Unternehmen (auf welcher Ebene) wirkt die Maßnahme "Benchmarking" bzw. in welchem Zeitraum sind die Auswirkungen bemerkbar?
(bitte in der Matrix ankreuzen, Mehrfachnennung möglich)

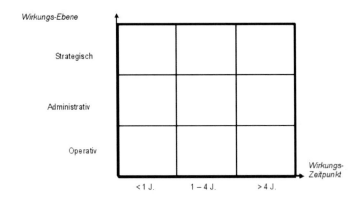

Können Sie Ihre getroffene Wahl anhand von Anwendungsbeispielen erläutern?

strategisch kurzfristig:

strategisch mittelfristig:

strategisch langfristig:

administrativ kurzfristig:

administrativ mittelfristig:

administrativ langfristig:

operativ kurzfristig:

operativ mittelfristig:

operativ langfristig:

Bitte beurteilen Sie das Potential der Maßnahme „Benchmarking" im Zusammenhang mit der Weltwirtschaftskrise 2008/2009.

☐ **sehr hoch** ☐ **hoch** ☐ **gering** ☐ **sehr gering**

Green IT

Umweltschutz hat sich in den vergangenen Jahren vom Nischenthema zu einem volkswirtschaftlichen Kernthema entwickelt und wird inzwischen auch auf unternehmerischer Ebene immer bedeutender. Green IT wird als ganzheitliches Konzept definiert, das durch die konsequente Umsetzung von Energiesparkonzepten, den durch die IT produzierten CO_2-Verbrauch reduzieren soll. Die IT hat die Chance, die Umweltschutzstrategie eines Unternehmens aktiv mitzugestalten und alle Bereiche des Kerngeschäfts mit IT-unterstützenden Innovationen zur CO_2-Reduktion zu stärken. Durch die ökologische Ausrichtung der Geschäftsprozesse können Unternehmen Ihre Kosten optimieren und Nachhaltigkeit schaffen.

Auf welcher Ebene (strategisch, administrativ oder operativ) wird Ihrer Meinung nach der Einsatz der Maßnahme „Green IT" entschieden? (Mehrfachnennung möglich)

☐ strategischer Ebene   ☐ administrativer Ebene   ☐ operativer Ebene

Wo im Unternehmen (auf welcher Ebene) wirkt die Maßnahme „Green IT" bzw. in welchem Zeitraum sind die Auswirkungen bemerkbar?
(bitte in der Matrix ankreuzen, Mehrfachnennung möglich)

Wirkungs-Ebene	< 1 J.	1 – 4 J.	> 4 J.
Strategisch			
Administrativ			
Operativ			

Können Sie Ihre getroffene Wahl anhand von Anwendungsbeispielen erläutern?

strategisch kurzfristig:

strategisch mittelfristig:

strategisch langfristig:

administrativ kurzfristig:

administrativ mittelfristig:

administrativ langfristig:

operativ kurzfristig:

operativ mittelfristig:

operativ langfristig:

Bitte beurteilen Sie das Potential der Maßnahme „Green IT" im Zusammenhang mit der Weltwirtschaftskrise 2008/2009.

☐ **sehr hoch** ☐ **hoch** ☐ **gering** ☐ **sehr gering**

Geschäftsprozessmanagement

Das Geschäftsprozessmanagement identifiziert und strukturiert die Geschäftsprozesse in einem Unternehmen und klärt, welche Prozesse im Unternehmen zur Bedürfniserfüllung interner und externer Kunden benötigt werden. Das Geschäftsprozessmanagement orientiert sich an der Unternehmensstrategie und leitet daraus alle relevanten markt- und kundenorientierten Prozessstrategien ab. Durch IT-Investitionen zur Optimierung der Geschäftsprozesse können Unternehmen ihre Kosten senken und eine Nutzensteigerung erzielen.

Auf welcher Ebene (strategisch, administrativ oder operativ) wird Ihrer Meinung nach der Einsatz der Maßnahme „Geschäftsprozessmanagement" entschieden?
(Mehrfachnennung möglich)

☐ strategischer Ebene   ☐ administrativer Ebene   ☐ operativer Ebene

Wo im Unternehmen (auf welcher Ebene) wirkt die Maßnahme „Geschäftsprozessmanagement" bzw. in welchem Zeitraum sind die Auswirkungen bemerkbar? (bitte in der Matrix ankreuzen, Mehrfachnennung möglich)

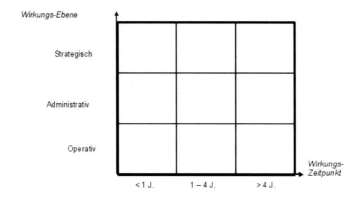

Können Sie Ihre getroffene Wahl anhand von Anwendungsbeispielen erläutern?

strategisch kurzfristig:

strategisch mittelfristig:

strategisch langfristig:

administrativ kurzfristig:

administrativ mittelfristig:

administrativ langfristig:

operativ kurzfristig:

operativ mittelfristig:

operativ langfristig:

Bitte beurteilen Sie das Potential der Maßnahme „Geschäftsprozessmanagement" im Zusammenhang mit der Weltwirtschaftskrise 2008/2009.

☐ **sehr hoch**　　☐ **hoch**　　☐ **gering**　　☐ **sehr gering**

IT-Kostenmanagement

In vielen Unternehmen steigt der Anteil der IT-Kosten in Relation zu den Gesamtkosten rapide an. Verfügt ein Unternehmen über kein IT-Kostenmanagement, werden die anfallenden Kosten nicht oder falsch erfasst und eine Planung, Kontrolle und Steuerung der IT-Kosten ist nicht möglich. Durch die IT-Kosten- und Leistungsrechnung werden die in den Fachabteilungen anfallenden IT-Kosten verursachungsgerecht aufgeteilt, die IT-Abteilung bleibt somit nicht auf diesen Kosten „sitzen".

Auf welcher Ebene (strategisch, administrativ oder operativ) wird Ihrer Meinung nach der Einsatz der Maßnahme „IT-Kostenmanagement" entschieden? (Mehrfachnennung möglich)

☐ strategischer Ebene   ☐ administrativer Ebene   ☐ operativer Ebene

Wo im Unternehmen (auf welcher Ebene) wirkt die Maßnahme „IT-Kostenmanagement" bzw. in welchem Zeitraum sind die Auswirkungen bemerkbar?
(bitte in der Matrix ankreuzen, Mehrfachnennung möglich)

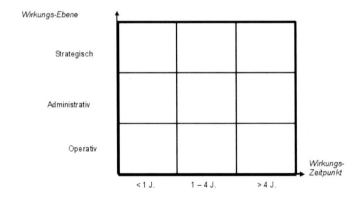

Können Sie Ihre getroffene Wahl anhand von Anwendungsbeispielen erläutern?

strategisch kurzfristig:

strategisch mittelfristig:

strategisch langfristig:

administrativ kurzfristig:

administrativ mittelfristig:

administrativ langfristig:

operativ kurzfristig:

operativ mittelfristig:

operativ langfristig:

Bitte beurteilen Sie das Potential der Maßnahme „IT-Kostenmanagement" im Zusammenhang mit der Weltwirtschaftskrise 2008/2009.

☐ **sehr hoch** ☐ **hoch** ☐ **gering** ☐ **sehr gering**

Kommunikationsmanagement

Das Kommunikationsmanagement beschreibt die Planung und Steuerung von internen und externen Kommunikationsbeziehungen eines Unternehmens und definiert die dafür notwendigen Kommunikationsinstrumente. Durch den Einsatz von „Remote Services" oder eines „Collaboration-Netzwerkes" kann eine standort- und länderübergreifende Kommunikation mittels z. B. IP-Telefonie, Videokonferenzsysteme oder Instant Messaging abgewickelt werden. Die traditionelle Abwicklung von Projektgeschäften zwischen Auftraggeber und Kunde wird dadurch aufgehoben, da die tatsächliche Präsenz der Mitarbeiter beim Kunden vor Ort nicht mehr unbedingt erforderlich ist.

Auf welcher Ebene (strategisch, administrativ oder operativ) wird Ihrer Meinung nach der Einsatz der Maßnahme „Kommunikationsmanagement" entschieden?
(Mehrfachnennung möglich)

☐ strategischer Ebene ☐ administrativer Ebene ☐ operativer Ebene

Wo im Unternehmen (auf welcher Ebene) wirkt die Maßnahme „Kommunikationsmanagement" bzw. in welchem Zeitraum sind die Auswirkungen bemerkbar? (bitte in der Matrix ankreuzen, Mehrfachnennung möglich)

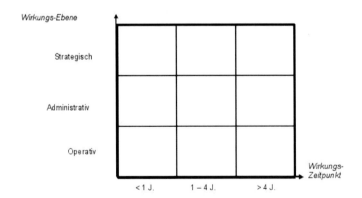

Können Sie Ihre getroffene Wahl anhand von Anwendungsbeispielen erläutern?

strategisch kurzfristig:

strategisch mittelfristig:

strategisch langfristig:

administrativ kurzfristig:

administrativ mittelfristig:

administrativ langfristig:

operativ kurzfristig:

operativ mittelfristig:

operativ langfristig:

Bitte beurteilen Sie das Potential der Maßnahme „Kommunikationsmanagement" im Zusammenhang mit der Weltwirtschaftskrise 2008/2009.

☐ **sehr hoch** ☐ **hoch** ☐ **gering** ☐ **sehr gering**

Monitoring

Die Wirtschaftlichkeit und Produktivität eines Unternehmens hängt unmittelbar von der Funktionsfähigkeit und Zuverlässigkeit seines Informationssystems und der IT-Infrastruktur ab. Ein unternehmensweit eingesetztes Monitoring unterstützt die IT-Abteilung in der Kontrolle und Planung der vorhandenen IT-Landschaft. Anhand dieser Daten können die vorhandenen Ressourcen optimal genutzt und drohende Engpässe und Ausfälle rechtzeitig erkannt und behoben werden. Die durch das Monitoring qualitativ erhobenen Daten stellen darüber hinaus eine nachvollziehbare Entscheidungs- und Argumentationsgrundlage für Neuinvestitionen dar.

Auf welcher Ebene (strategisch, administrativ oder operativ) wird Ihrer Meinung nach der Einsatz der Maßnahme „Monitoring" entschieden? (Mehrfachnennung möglich)

☐ strategischer Ebene ☐ administrativer Ebene ☐ operativer Ebene

Wo im Unternehmen (auf welcher Ebene) wirkt die Maßnahme „Monitoring" bzw. in welchem Zeitraum sind die Auswirkungen bemerkbar?
(bitte in der Matrix ankreuzen, Mehrfachnennung möglich)

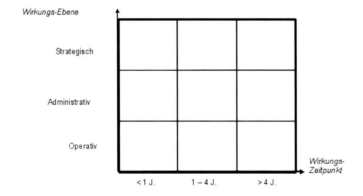

Können Sie Ihre getroffene Wahl anhand von Anwendungsbeispielen erläutern?

strategisch kurzfristig:

strategisch mittelfristig:

strategisch langfristig:

administrativ kurzfristig:

administrativ mittelfristig:

administrativ langfristig:

operativ kurzfristig:

operativ mittelfristig:

operativ langfristig:

Bitte beurteilen Sie das Potential der Maßnahme „Monitoring" im Zusammenhang mit der Weltwirtschaftskrise 2008/2009.

☐ **sehr hoch**   ☐ **hoch**   ☐ **gering**   ☐ **sehr gering**

IT-Personalmanagement

Das IT-Personalmanagement befasst sich mit allen Personalmanagementagenden (Steuerung und Planung) der IT-Mitarbeiter. Dabei spielt die Personalentwicklung und Personalplanung eine zentrale Rolle, da IT-Mitarbeiter über ein sehr breites Know-how verfügen und personelle Veränderungen nicht nur nach Auftragslage und Kennzahlen entschieden werden dürfen. Eine Mitarbeiterreduktion führt nicht zwingend zu einer Kostenoptimierung, da daraus hohe Folgekosten resultieren können (Know-how Verlust, Einschulung neuer Mitarbeiter, usw.). Effizientes IT-Personalmanagement erkennt und fördert die Fähigkeiten der Mitarbeiter und steigert die Motivation und Zufriedenheit der Belegschaft.

Auf welcher Ebene (strategisch, administrativ oder operativ) wird Ihrer Meinung nach der Einsatz der Maßnahme „IT-Personalmanagement" entschieden? (Mehrfachnennung möglich)

☐ strategischer Ebene   ☐ administrativer Ebene   ☐ operativer Ebene

Wo im Unternehmen (auf welcher Ebene) wirkt die Maßnahme „IT-Personalmanagement" bzw. in welchem Zeitraum sind die Auswirkungen bemerkbar?
(bitte in der Matrix ankreuzen, Mehrfachnennung möglich)

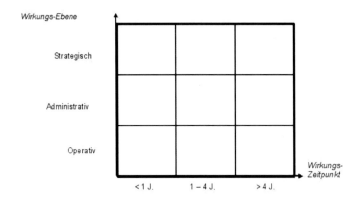

Können Sie Ihre getroffene Wahl anhand von Anwendungsbeispielen erläutern?

strategisch kurzfristig:

strategisch mittelfristig:

strategisch langfristig:

administrativ kurzfristig:

administrativ mittelfristig:

administrativ langfristig:

operativ kurzfristig:

operativ mittelfristig:

operativ langfristig:

Bitte beurteilen Sie das Potential der Maßnahme „IT-Personalmanagement" im Zusammenhang mit der Weltwirtschaftskrise 2008/2009.

☐ **sehr hoch** ☐ **hoch** ☐ **gering** ☐ **sehr gering**

Service-Level-Agreement

Durch den Einsatz von Service-Level-Agreements (SLAs) werden Leistungs- und Qualitätsansprüche zwischen Geschäftspartnern (innerhalb und außerhalb des Unternehmens) vertraglich garantiert. SLAs stellen für den Dienstleistungsnehmer sicher, dass Dienste und Leistungen in der vereinbarten Qualität und Güte zur Verfügung gestellt bzw. ausgeführt werden. Gleichzeitig schützen sie den Dienstleistungsgeber vor ungerechtfertigten Schadensersatzansprüchen. Die Service-Design-Methode sieht eine detaillierte Beschreibung aller relevanten Services vor, die als Grundlage für SLA-Verhandlungen verwendet werden können. Weiter werden durch dieses strukturierte Vorgehen qualitativ messbare Kriterien definiert, auf diese dann die SLAs aufgebaut werden.

Auf welcher Ebene (strategisch, administrativ oder operativ) wird Ihrer Meinung nach der Einsatz der Maßnahme „Service-Level-Agreement" entschieden?
(Mehrfachnennung möglich)

☐ strategischer Ebene ☐ administrativer Ebene ☐ operativer Ebene

Wo im Unternehmen (auf welcher Ebene) wirkt die Maßnahme „Service-Level-Agreement" bzw. in welchem Zeitraum sind die Auswirkungen bemerkbar?
(bitte in der Matrix ankreuzen, Mehrfachnennung möglich)

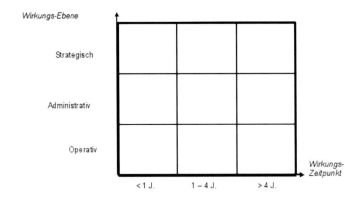

Können Sie Ihre getroffene Wahl anhand von Anwendungsbeispielen erläutern?

strategisch kurzfristig:

strategisch mittelfristig:

strategisch langfristig:

administrativ kurzfristig:

administrativ mittelfristig:

administrativ langfristig:

operativ kurzfristig:

operativ mittelfristig:

operativ langfristig:

Bitte beurteilen Sie das Potential der Maßnahme „Service-Level-Agreement" im Zusammenhang mit der Weltwirtschaftskrise 2008/2009.

☐ **sehr hoch**　　☐ **hoch**　　☐ **gering**　　☐ **sehr gering**

IT-Sicherheitsmanagement

Werden im Unternehmen Leistungserstellungsprozesse mittels Informationstechnologien erbracht, sind diese immer einer gewissen Sicherheitsproblematik (Datenmanipulation, Spionage oder Sabotage) unterworfen. IT-Sicherheitsmanagement beschreibt die planmäßige Entwicklung, Überwachung und Einhaltung der festgelegten Sicherheitsbestimmungen um Schäden an der IT-Landschaft zu vermeiden. Nicht nur die technische Komponente spielt im Sicherheitsmanagement eine zentrale Rolle – auch Maßnahmen für das Personal müssen berücksichtigt werden. Je gezielter alle getroffenen Maßnahmen abgestimmt sind, desto effektiver werden die definierten Sicherheitsziele erreicht. Ziel des Sicherheitsmanagement ist es, ein angemessenes Sicherheitsniveau mit den verfügbaren Mitteln zu erreichen.

Auf welcher Ebene (strategisch, administrativ oder operativ) wird Ihrer Meinung nach der Einsatz der Maßnahme „IT-Sicherheitsmanagement" entschieden?
(Mehrfachnennung möglich)

☐ strategischer Ebene ☐ administrativer Ebene ☐ operativer Ebene

Wo im Unternehmen (auf welcher Ebene) wirkt die Maßnahme " IT-Sicherheitsmanagement" bzw. in welchem Zeitraum sind die Auswirkungen bemerkbar?
(bitte in der Matrix ankreuzen, Mehrfachnennung möglich)

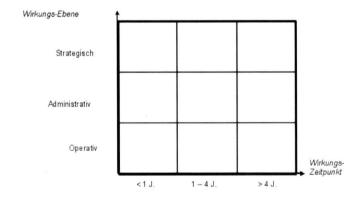

Können Sie Ihre getroffene Wahl anhand von Anwendungsbeispielen erläutern?

strategisch kurzfristig:

strategisch mittelfristig:

strategisch langfristig:

administrativ kurzfristig:

administrativ mittelfristig:

administrativ langfristig:

operativ kurzfristig:

operativ mittelfristig:

operativ langfristig:

Bitte beurteilen Sie das Potential der Maßnahme „IT-Sicherheitsmanagement" im Zusammenhang mit der Weltwirtschaftskrise 2008/2009.

☐ **sehr hoch** ☐ **hoch** ☐ **gering** ☐ **sehr gering**

Virtualisierung

Traditionelle Arten von Virtualisierung sind seit Jahren am Markt etabliert und ermöglichen das Aufteilen bzw. das Zusammenfassen von IT-Ressourcen. Virtualisierung wurde in der Vergangenheit oft nur in großen Umgebungen eingesetzt, da nur dort der Nutzen höher war als die durch Virtualisierung entstandene Komplexität. Neuere Entwicklungen wurden deutlich vereinfacht (Softwarekomponenten zum Virtualisieren von Serversystemen werden direkt in die Serverhardware eingebaut) und sind so auch für kleinere Umgebungen interessant geworden.

Auf welcher Ebene (strategisch, administrativ oder operativ) wird Ihrer Meinung nach der Einsatz der Maßnahme „Virtualisierung" entschieden? (Mehrfachnennung möglich)

☐ strategischer Ebene ☐ administrativer Ebene ☐ operativer Ebene

Wo im Unternehmen (auf welcher Ebene) wirkt die Maßnahme "Virtualisierung" bzw. in welchem Zeitraum sind die Auswirkungen bemerkbar?
(bitte in der Matrix ankreuzen, Mehrfachnennung möglich)

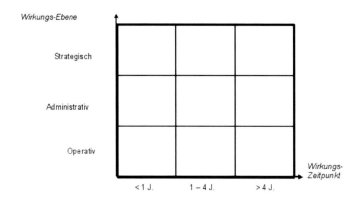

Können Sie Ihre getroffene Wahl anhand von Anwendungsbeispielen erläutern?

strategisch kurzfristig:

strategisch mittelfristig:

strategisch langfristig:

administrativ kurzfristig:

administrativ mittelfristig:

administrativ langfristig:

operativ kurzfristig:

operativ mittelfristig:

operativ langfristig:

Bitte beurteilen Sie das Potential der Maßnahme „Virtualisierung" im Zusammenhang mit der Weltwirtschaftskrise 2008/2009.

☐ **sehr hoch** ☐ **hoch** ☐ **gering** ☐ **sehr gering**

Vertragsmanagement

Das Vertragsmanagement unterstützt das Unternehmen bei der Abwicklung und Gestaltung der Rechtsbeziehungen zwischen den Vertragsparteien. Die Aufgaben des Vertragsmanagement umfassen dabei die Bedarfsermittlung, den Verhandlungsprozess und den Vertragsabschluss. Dadurch wird die Einhaltung aller gesetzlichen Vorschriften gewährleistet. Durch den zentralen Einsatz von Vertragsmanagement schaffen Unternehmen Transparenz in ihrem Vertragsbestand und erhalten dadurch einen Überblick über alle bestehenden Verträge.

Auf welcher Ebene (strategisch, administrativ oder operativ) wird Ihrer Meinung nach der Einsatz der Maßnahme „Vertragsmanagement" entschieden? (Mehrfachnennung möglich)

☐ strategischer Ebene   ☐ administrativer Ebene   ☐ operativer Ebene

Wo im Unternehmen (auf welcher Ebene) wirkt die Maßnahme "Vertragsmanagement" bzw. in welchem Zeitraum sind die Auswirkungen bemerkbar?
(bitte in der Matrix ankreuzen, Mehrfachnennung möglich)

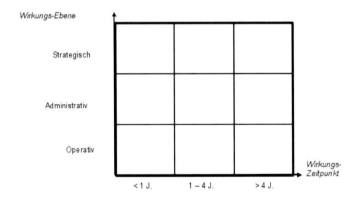

Können Sie Ihre getroffene Wahl anhand von Anwendungsbeispielen erläutern?

strategisch kurzfristig:

strategisch mittelfristig:

strategisch langfristig:

administrativ kurzfristig:

administrativ mittelfristig:

administrativ langfristig:

operativ kurzfristig:

operativ mittelfristig:

operativ langfristig:

Bitte beurteilen Sie das Potential der Maßnahme „Vertragsmanagement" im Zusammenhang mit der Weltwirtschaftskrise 2008/2009.

☐ **sehr hoch**   ☐ **hoch**   ☐ **gering**   ☐ **sehr gering**

[Name]
[Straße]
[PLZ] [Ort]

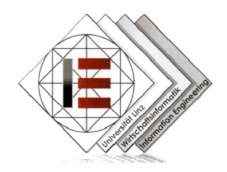

Linz,

Sehr geehrter Herr ,

die erste Phase der Studie konnte ich mit der Auswertung der Fragebögen und dem Feedback der Ergebnisse beenden. Ich bedanke mich vorab für Ihren wertvollen Beitrag. Ich konnte bereits sehr interessante Ergebnisse für mein Fachbuch ermitteln. Mit diesem Schreiben erhalten Sie die Unterlagen für die zweite Befragungsrunde.

Durch die Ergebnisse der Potentialeinschätzung (siehe Feedbackbericht) werden fünf Maßnahmen (IT-Strategie, Geschäftsprozessmanagement, IT-Kostenmanagement, Kommunikationsmanagement und Monitoring) in die zweite Befragungsrunde übernommen und sollen im Fragebogen nochmals bewertet werden (Klassifizierung nach Unternehmensebene, Wirkungsort und Wirkungszeitpunkt).

Bitte betrachten Sie dazu den Feedbackbericht der ersten Befragungsrunde und die von mir aus der Literatur abgeleitete Einteilung. Auf der Rückseite des Fragebogens finden Sie noch vier kurze Fragen zu den Themen „Kostenreduktion", „Weitsteigerung der IT", „Einsatz der Maßnahme in Ihrem Unternehmen" und „Vorteile".

Bitte bearbeiten Sie den Fragebogen möglichst bald und senden Sie diesen bis spätestens 24. Juni 2011 an mich zurück.

Sie erhalten nach Auswertung der zweiten Befragungsrunde den Abschlussbericht der Studie!

Ich bedanke mich für Ihre weitere wertvolle Unterstützung und bitte Sie, mich bei Fragen und Anregungen zu kontaktieren.

Mit freundlichen Grüßen

Stefan Mühlbacher

IT-Strategie

Für die Maßnahme „IT-Strategie" konnten aus der Literatur nachfolgende Entscheidungs- und Wirkungsebenen sowie folgende Wirkungszeitpunkte abgeleitet werden.

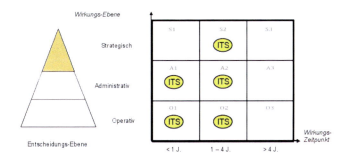

Bitte betrachten Sie das Feedback aus der 1. Runde sowie die obenstehende Grafik und **bewerten Sie die Maßnahme „IT-Strategie" erneut.**

Auf welcher Ebene (strategisch, administrativ oder operativ) wird Ihrer Meinung nach der Einsatz der Maßnahme „IT-Strategie" entschieden? (Mehrfachnennung möglich)

☐ strategischer Ebene ☐ administrativer Ebene ☐ operativer Ebene

Wo im Unternehmen (auf welcher Ebene) wirkt die Maßnahme „IT-Strategie" bzw. in welchem Zeitraum sind die Auswirkungen bemerkbar?
(bitte in der Matrix ankreuzen, Mehrfachnennung möglich)

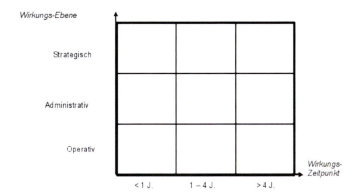

*Kann durch die Maßnahme „IT-Strategie" eine **Kostenreduktion** (im Unternehmen, in der IT-Abteilung) erreicht werden? (Mehrfachnennung möglich)*

☐ in der IT-Abteilung   ☐ im Unternehmen   ☐ keine Kostenreduktion zu erwarten

*Kann die IT durch die Maßnahme „IT-Strategie" im Unternehmen **wertsteigernd** eingesetzt werden? (IT als Enabler für Geschäftstätigkeit)*

☐ Ja   ☐ Nein

Wurde die Maßnahme „IT-Strategie" in Ihrem Unternehmen bereits umgesetzt?

☐ Ja   ☐ Nein

***Wenn nein** – ist eine Umsetzung geplant?*

☐ Ja …. in welchem Jahr?   ☐ Nein …. warum nicht?

*Wie beurteilen Sie folgende **Vorteile** im Bezug auf die Maßnahme „IT-Strategie" (1 = sehr wichtig, 5 = absolut unwichtig)*

Vorteil	1	2	3	4	5
Ausrichtung der IT auf das Unternehmensziel	■	☐	☐	☐	☐
positive Auswirkung auf das Top-Management (klare Entscheidungsprozesse, agieren statt reagieren)	☐	☐	☐	☐	☐
Rahmenbedingungen für selbstständiges und eigenverantwortliches Handeln	☐	☐	☐	☐	☐
durch die notwendige Mitarbeit des Top-Management wird die Bedeutung der IT erkannt	☐	☐	☐	☐	☐

Geschäftsprozessmanagement

Für die Maßnahme „Geschäftsprozessmanagement" konnten aus der Literatur nachfolgende Entscheidungs- und Wirkungsebenen sowie folgende Wirkungszeitpunkte abgeleitet werden.

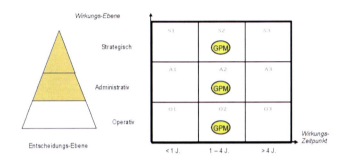

Bitte betrachten Sie das Feedback aus der 1. Runde sowie die obenstehende Grafik und **bewerten Sie die Maßnahme „Geschäftsprozessmanagement" erneut.**

Auf welcher Ebene (strategisch, administrativ oder operativ) wird Ihrer Meinung nach der Einsatz der Maßnahme „Geschäftsprozessmanagement" entschieden?

(Mehrfachnennung möglich)

☐ strategischer Ebene ☐ administrativer Ebene ☐ operativer Ebene

Wo im Unternehmen (auf welcher Ebene) wirkt die Maßnahme „Geschäftsprozessmanagement" bzw. in welchem Zeitraum sind die Auswirkungen bemerkbar? (bitte in der Matrix ankreuzen, Mehrfachnennung möglich)

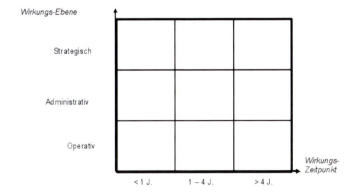

*Kann durch die Maßnahme „Geschäftsprozessmanagement" eine **Kostenreduktion** (im Unternehmen, in der IT-Abteilung) erreicht werden? (Mehrfachnennung möglich)*

☐ in der IT-Abteilung ☐ im Unternehmen ☐ keine Kostenreduktion zu erwarten

*Kann die IT durch die Maßnahme „Geschäftsprozessmanagement" im Unternehmen **wertsteigernd** eingesetzt werden? (IT als Enabler für Geschäftstätigkeit)*

☐ Ja ☐ Nein

Wurde die Maßnahme „Geschäftsprozessmanagement" in Ihrem Unternehmen bereits umgesetzt?

☐ Ja ☐ Nein

Wenn nein – *ist eine Umsetzung geplant?*

☐ Ja …. in welchem Jahr? ☐ Nein …. warum nicht?

*Wie beurteilen Sie folgende **Vorteile** im Bezug auf die Maßnahme „Geschäftsprozessmanagement" (1 = sehr wichtig, 5 = absolut unwichtig)*

	1	2	3	4	5
Identifizierung von Kostentreiber	☐	☐	☐	☐	☐
Fokus auf Kernkompetenz durch Prozessidentifikation	☐	☐	☐	☐	☐
Kostenreduktion	☐	☐	☐	☐	☐
positive Veränderung der Unternehmenskultur	☐	☐	☐	☐	☐
höhere Mitarbeitermotivation	☐	☐	☐	☐	☐
Produktivitätssteigerung durch Laufzeitoptimierung	☐	☐	☐	☐	☐

IT-Kostenmanagement

Für die Maßnahme „IT-Kostenmanagement" konnten aus der Literatur nachfolgende Entscheidungs- und Wirkungsebenen sowie folgende Wirkungszeitpunkte abgeleitet werden.

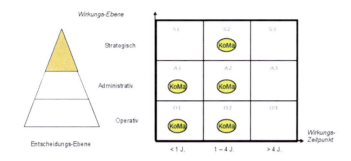

Bitte betrachten Sie das Feedback aus der 1. Runde sowie die obenstehende Grafik und **bewerten Sie die Maßnahme „IT-Kostenmanagement" erneut.**

Auf welcher Ebene (strategisch, administrativ oder operativ) wird Ihrer Meinung nach der Einsatz der Maßnahme „IT-Kostenmanagement" entschieden? (Mehrfachnennung möglich)

☐ strategischer Ebene ☐ administrativer Ebene ☐ operativer Ebene

Wo im Unternehmen (auf welcher Ebene) wirkt die Maßnahme „IT-Kostenmanagement" bzw. in welchem Zeitraum sind die Auswirkungen bemerkbar? (bitte in der Matrix ankreuzen, Mehrfachnennung möglich)

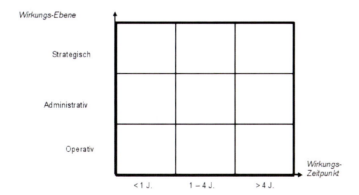

*Kann durch die Maßnahme „IT-Kostenmanagement" eine **Kostenreduktion** (im Unternehmen, in der IT-Abteilung) erreicht werden? (Mehrfachnennung möglich)*

☐ in der IT-Abteilung   ☐ im Unternehmen   ☐ keine Kostenreduktion zu erwarten

*Kann die IT durch die Maßnahme „IT-Kostenmanagement" im Unternehmen **wertsteigernd** eingesetzt werden? (IT als Enabler für Geschäftstätigkeit)*

☐ Ja   ☐ Nein

Wurde die Maßnahme „IT-Kostenmanagement" in Ihrem Unternehmen bereits umgesetzt?

☐ Ja   ☐ Nein

***Wenn nein** – ist eine Umsetzung geplant?*

☐ Ja …. in welchem Jahr?   ☐ Nein …. warum nicht?

```
┌─────────────────────────────────────────────────────────────┐
│                                                             │
│                                                             │
│                                                             │
└─────────────────────────────────────────────────────────────┘
```

*Wie beurteilen Sie folgende **Vorteile** im Bezug auf die Maßnahme „IT-Kostenmanagement"*
(1 = sehr wichtig, 5 = absolut unwichtig)

	1	2	3	4	5
Kosten- und Leistungstransparenz für Management	☐	☐	☐	☐	☐
Kosten- und Leistungstransparenz für Anwender	☐	☐	☐	☐	☐
Kostenbewusstsein wird gesteigert	☐	☐	☐	☐	☐
„versteckte" IT-Kosten identifizieren	☐	☐	☐	☐	☐

Kommunikationsmanagement

Für die Maßnahme „Kommunikationsmanagement" konnten aus der Literatur nachfolgende Entscheidungs- und Wirkungsebenen sowie folgende Wirkungszeitpunkte abgeleitet werden.

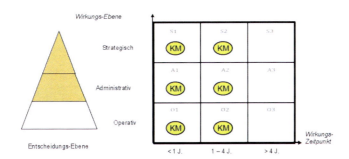

Bitte betrachten Sie das Feedback aus der 1. Runde sowie die obenstehende Grafik und **bewerten Sie die Maßnahme „Kommunikationsmanagement" erneut.**

Auf welcher Ebene (strategisch, administrativ oder operativ) wird Ihrer Meinung nach der Einsatz der Maßnahme „Kommunikationsmanagement" entschieden?

(Mehrfachnennung möglich)

☐ strategischer Ebene ☐ administrativer Ebene ☐ operativer Ebene

Wo im Unternehmen (auf welcher Ebene) wirkt die Maßnahme " Kommunikationsmanagement" bzw. in welchem Zeitraum sind die Auswirkungen bemerkbar? (bitte in der Matrix ankreuzen, Mehrfachnennung möglich)

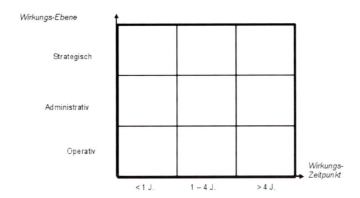

*Kann durch die Maßnahme „Kommunikationsmanagement" eine **Kostenreduktion** (im Unternehmen, in der IT-Abteilung) erreicht werden? (Mehrfachnennung möglich)*

☐ in der IT-Abteilung   ☐ im Unternehmen   ☐ keine Kostenreduktion zu erwarten

*Kann die IT durch die Maßnahme „Kommunikationsmanagement" im Unternehmen **wertsteigernd** eingesetzt werden? (IT als Enabler für Geschäftstätigkeit)*

☐ Ja   ☐ Nein

Wurde die Maßnahme „Kommunikationsmanagement" in Ihrem Unternehmen bereits umgesetzt?

☐ Ja   ☐ Nein

***Wenn nein** – ist eine Umsetzung geplant?*

☐ Ja …. in welchem Jahr?   ☐ Nein …. warum nicht?

```
┌─────────────────────────────────────────────────────────┐
│                                                         │
│                                                         │
│                                                         │
└─────────────────────────────────────────────────────────┘
```

*Wie beurteilen Sie folgende **Vorteile** im Bezug auf die Maßnahme „Kommunikationsmanagement" (1 = sehr wichtig, 5 = absolut unwichtig)*

	1	2	3	4	5
Kostenreduktion (z. B. Reise- und Telefonkosten)	☐	☐	☐	☐	☐
Zeitersparnis	☐	☐	☐	☐	☐
Umweltgedanke	☐	☐	☐	☐	☐
Produktivitätssteigerung	☐	☐	☐	☐	☐
Reduktion von physischer und psychischer Belastung, da keine Trennung von Familie und sozialem Umfeld	☐	☐	☐	☐	☐

Monitoring

Für die Maßnahme „Monitoring" konnten aus der Literatur nachfolgende Entscheidungs- und Wirkungsebenen sowie folgende Wirkungszeitpunkte abgeleitet werden.

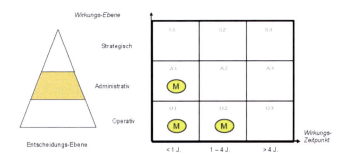

Bitte betrachten Sie das Feedback aus der 1. Runde sowie die obenstehende Grafik und **bewerten Sie die Maßnahme „Monitoring" erneut.**

Auf welcher Ebene (strategisch, administrativ oder operativ) wird Ihrer Meinung nach der Einsatz der Maßnahme „Monitoring" entschieden? (Mehrfachnennung möglich)

☐ strategischer Ebene   ☐ administrativer Ebene   ☐ operativer Ebene

Wo im Unternehmen (auf welcher Ebene) wirkt die Maßnahme " Monitoring" bzw. in welchem Zeitraum sind die Auswirkungen bemerkbar?
(bitte in der Matrix ankreuzen, Mehrfachnennung möglich)

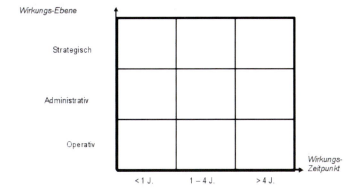

Kann durch die Maßnahme „Monitoring" eine **Kostenreduktion** *(im Unternehmen, in der IT-Abteilung) erreicht werden? (Mehrfachnennung möglich)*

☐ in der IT-Abteilung ☐ im Unternehmen ☐ keine Kostenreduktion zu erwarten

Kann die IT durch die Maßnahme „Monitoring" im Unternehmen **wertsteigernd** *eingesetzt werden? (IT als Enabler für Geschäftstätigkeit)*

☐ Ja ☐ Nein

Wurde die Maßnahme „Monitoring" in Ihrem Unternehmen bereits umgesetzt?

☐ Ja ☐ Nein

Wenn nein *– ist eine Umsetzung geplant?*

☐ Ja .... in welchem Jahr? ☐ Nein .... warum nicht?

Wie beurteilen Sie folgende **Vorteile** *im Bezug auf die Maßnahme „Monitoring"*
(1 = sehr wichtig, 5 = absolut unwichtig)

	1	2	3	4	5
rechtzeitige Erkennung möglicher Probleme	☐	☐	☐	☐	☐
Transparenz der IT-Infrastruktur	☐	☐	☐	☐	☐
Kostenersparnis (Engpässe und Ausfälle vermeiden)	☐	☐	☐	☐	☐
Entscheidungen können durch Datenanalyse begründet werden (gesteigerte Akzeptanz)	☐	☐	☐	☐	☐

Autorenprofil

Mag. Stefan Mühlbacher wurde 1980 in Gmunden geboren. Während seiner Tätigkeit als IT-Betreuer in einem großen Unternehmen der Bauindustrie, entschied sich der Autor seine fachlichen IT-Qualifikationen durch ein Studium der Wirtschaftsinformatik weiter auszubauen. Sein Studium schloss der Autor 2011 an der Johannes Kepler Universität Linz mit dem akademischen Grad Mag. rer. soc. oec. erfolgreich ab.

Bereits vor seinem Studium sammelte der Autor praktische Erfahrung in der Informationstechnologie. Er war maßgeblich an der Umsetzung von zwei ERP-Projekten in einem Konzern beteiligt. Derzeit arbeitet Mag. Mühlbacher als ERP-Consultant in einem IT-Unternehmen in Oberösterreich.